# 비즈니스 스킬 **미팅**

- 중국인보다 더 **중국인**스럽게!
- 중국어로 주고 받는 **미팅** 완전 정복!

중국어 8 先生

<팔선생>은 누구나 **쉽고 재미있게 접근할 수 있는** 교재입니다.
<팔선생>을 통해 즐겁게 중국어와 중국문화를
공부하시고 경험하시길 바랍니다.

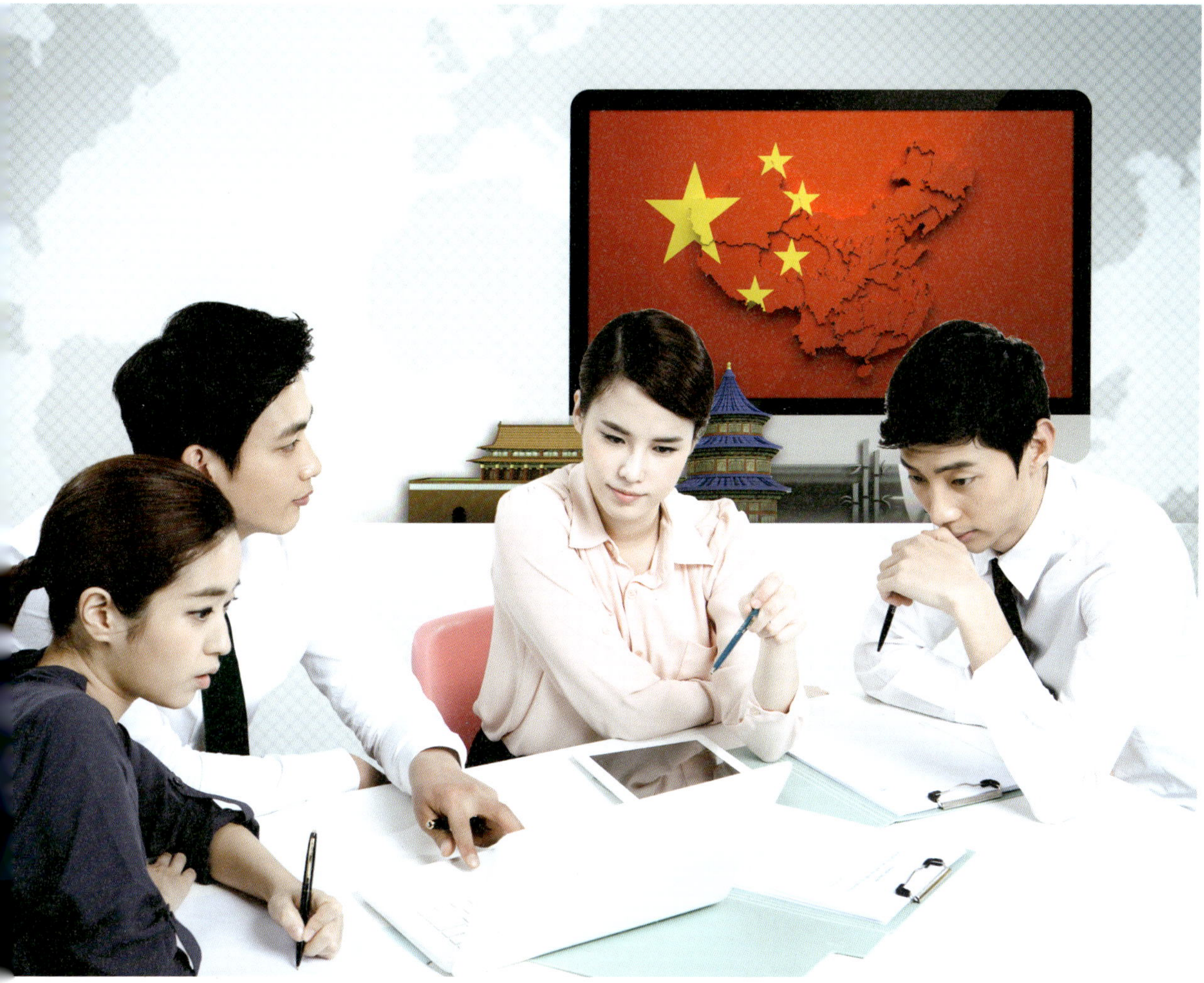

**CARROT HOUSE**
中国北京市通州区大运河开发区运河明珠2号楼2单元2172

**八先生 중국어 - 비즈니스 스킬 미팅**

© Carrot House

All rights reserved. No part of this publication may be reproduced,
stored in a retrieval system, or transmitted, in any form or by any means,
without the prior permission in writing of CARROT HOUSE.

First published July 2017

**Author:** Carrot Language Research & Development Department

**ISBN** 978-89-6732-245-8

**Printed and distributed in Korea**
9th Fl., 488 Gangnam St., Gangnam-gu, Seoul, South Korea 06120

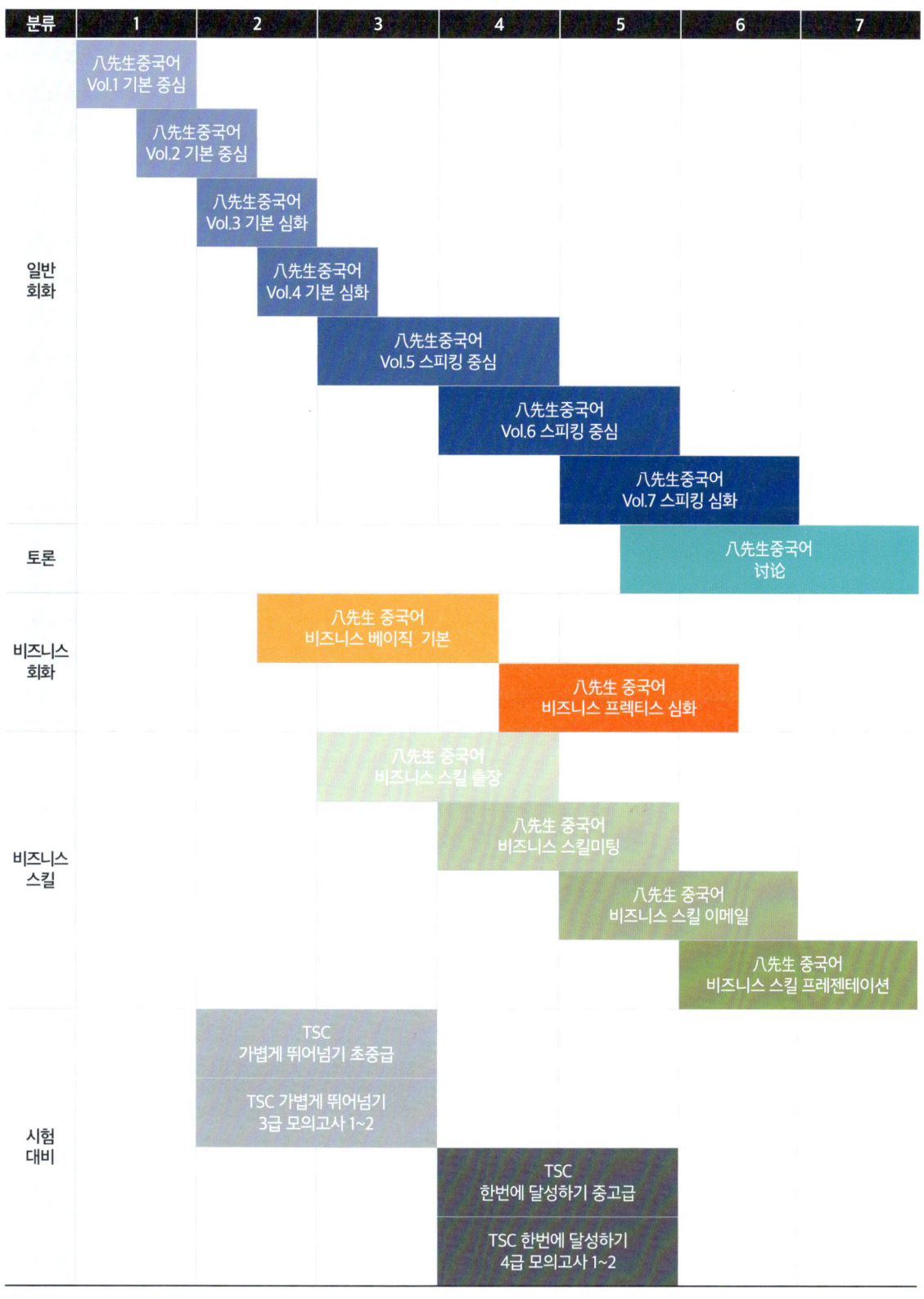

## 중국에 대한 이해

중국(中國)은 본래 고대 중원 지방을 뜻하였으나, 현재는 나라의 이름을 뜻하는 고유명사이다. 중국의 정확한 국명은 '중화인민공화국(中华人民共和国)'이며 1949년 10월 1일에 건국되었다.

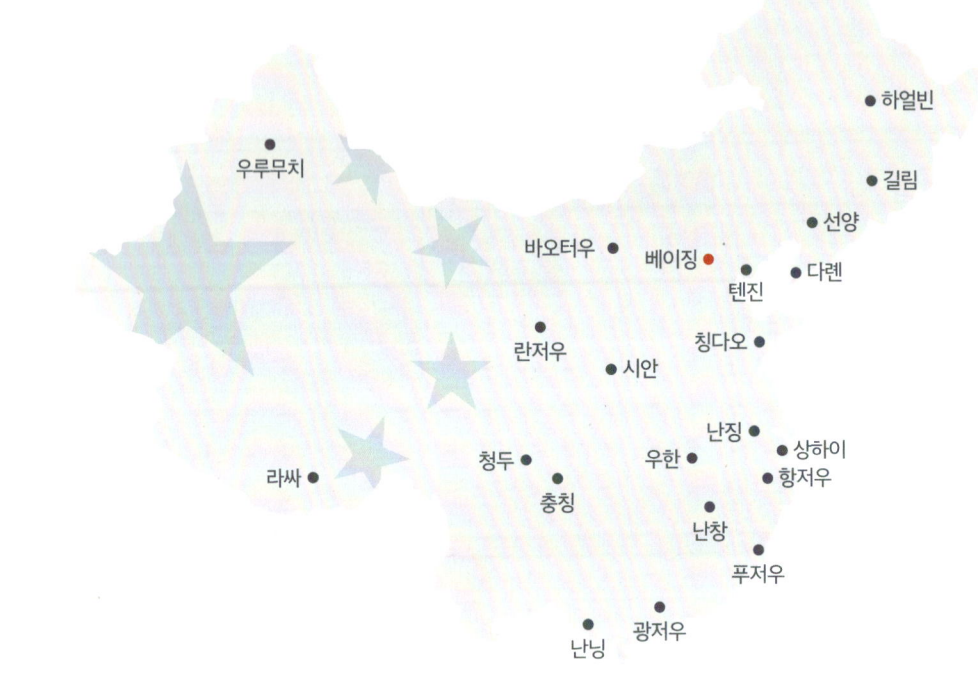

**중문 국명** | 中华人民共和国(중화인민공화국)
**영문 국명** | The People's Republic of China(P.R.C.)
**국명 약칭** | 中国(China)
**수도** | 북경(北京)
**건국일** | 10월 1일
**표준어** | 한어(汉语) 또는 보통화(普通话)
**화폐** | 인민폐(RMB)
**시차** | 한국보다 1시간 느림
**정치 제도** | 인민공화국(입헌공화제)
**인구** | 약 13억 7천 만명
**민족 구성** | 한족(汉族), 장족(壮族), 만주족(满族) 등 56개 민족
**주요 종교** | 불교, 도교, 기독교, 회교
**국토 면적** | 959만 6960 제곱 킬로미터

## 팔선생 이야기

중국에서 先生(선생)은 영어 'Mr.'를 의미하며, 八(8)은 번영과 발전을
의미하는 发(發)와 발음이 비슷하여 중국에서는 누구나 좋아하는 숫자입니다.
八先生은 누구에게나 친숙하고 누구나 좋아하는 사람을 지칭하기도 하죠.
팔선생은 누구나 쉽고 재미있게 접근할 수 있는 교재입니다.
팔선생을 통해 즐겁게 중국어와 중국문화를 공부하시고 경험하시길 바랍니다.

### ❶ 캐럿 하우스 방법론 - 성인 교육학 접근 및 생산적인 중국어와의 관계

교육학은 학습자들로 하여금 생각을 한 곳으로 모으게 하고 학습 훈련을 지속적으로 강화하는데 그 목적이 있습니다. 아이들을 가르치는 교학과 성인을 가르치는 학습의 특징 및 과정은 분명 다릅니다. 성인 교육은 상대적으로 자유로운 학습 환경을 제공하는 교육 분야라고 볼 수 있습니다. 그렇기 때문에 다양한 생각과 행동적 학습이론을 추구할 수 있고 학습자들은 자발적으로 지속적인 학습이 가능한 대상이 될 수 있습니다.

사실, 대다수의 사람들은 외국어를 학습할 때 대화의 완성도를 완벽하게 만들어 내기 위해 노력하고 있습니다. 특히, 구술 및 작문 영역에 있어서 언어를 활용한 생산적 기술을 잘 갖추게 된다면 그들은 중국어로 소통하는 장에서 자신의 역량을 마음껏 발휘할 수 있을 것입니다. 그리고 바로 이 점이 학습자들의 생산적인 기술을 향상시킨 캐럿 하우스 커리큘럼만의 비결이라고 생각합니다. 캐럿 하우스 커리큘럼이 제시하는 성인 학습의 특징은 치열한 경쟁 시대 속에서 학습자들이 생산적인 외국어 학습을 위해 소통의 스킬을 스스로 성취할 수 있도록 역량을 키울 수 있도록 한다는 점입니다. 이렇듯, 캐럿 하우스의 교수철학과 커리큘럼은 모든 중국어 학습자들의 "성공을 위한 언어" 라는 목표를 이룰 수 있도록 구성되어 있습니다.

### ❷ 공동체 언어학습법

언어습득의 필수 요소인 공동체 언어학습법은 숙련된 강사가 학습자가 이해할 수 있는 강의안을 제공하고 학습자 각자가 가지고 있는 문제 및 상황을 그대로 받아들이고 이해하는 상호 작용 속에서 언어 학습을 진행하는 방법입니다. 이 때, 학습자들은 자신에게 주어진 학습 기회를 최대한 활용할 수 있습니다. 특히, 공동체 언어학습법은 외국어 음운학 분야에서 응용하고 있는 방법으로, 언어를 보다 실용적으로, 보다 확실하게, 보다 기술적으로 사용하기 위한 학습자들에게 최적화 되어 있다고 볼 수 있습니다.

# 교재개요
## Chapter Composition

## | 주요 학습대상 |

"八先生 중국어 비즈니스 스킬 미팅"은 주입식 형태의 "중국어 비즈니스"의 틀을 깨고, 기초를 차근차근 쌓은 중고급 레벨의 학습자를 위한 교재입니다. 중국어 비즈니스와 관련된 표현들과 용어들을 학습할 수 있도록 실제 현장에서 자주 사용하는 주제로 구성했습니다. 꾸준한 공동체 언어학습법을 통해 학습자들은 다양한 상황 속에서 중국어로 유창하게 표현함으로써 자신의 언어적 생산성을 높일 수 있을 것입니다.

## | 교재 활용법 |

### 학습 목표
각 과의 학습 목표를 통해 해당 내용의 방향성을 파악합니다.
- 학습자가 학습 목표를 살펴보고 주요 학습 내용을 이해합니다.
- 학습 목표가 제시하는 핵심 단어를 통해 학습자는 각 과의 특징을 인지합니다.

### 주요 패턴
각 과의 주요 패턴을 통해 중국어의 문법적 구조를 파악합니다.
- 학습 목표가 제시한 비즈니스 상황으로 어떠한 것들이 있는지 학습자 스스로 생각할 수 있습니다.
- 학습자는 각 과별로 설정된 비즈니스 상황에 맞는 핵심 패턴을 파악할 수 있습니다.

### 情景对话
사진 속 상황과 관련 단어를 응용하여 다양한 상황을 설정할 수 있습니다.
- 각 과별에 맞는 사진을 보면서 관련된 핵심 단어를 활용하여 학습자가 중국어로 표현할 수 있습니다.
- 주어진 사진 속 상황에 맞게 중국어로 표현하여 학습자가 본문에서 전개될 비즈니스 상황을 유추할 수 있습니다.

## BIZ 대화

비즈니스 상황에서 중국어 말하기를 연습하기 위해 역할을 나누어 대화를 연습합니다. 이 때, 학습자들이 의사소통능력과 유용한 표현을 활용할 수 있도록 유도합니다.

- 대화를 연습하기 위해 학습자들이 각각의 역할을 정하도록 합니다.
- 학습자들이 맡은 각자의 역할에 대해 서로에게 조언을 전달합니다.

## 새로운 표현 Tip!

본문 내 주요 단어 또는 표현을 활용하여 근의어 또는 유의어를 학습할 수 있습니다.

- 본문 내 주요 단어 또는 표현을 활용하여 근의어 또는 유의어를 학습할 수 있습니다.
- 학습자가 새로운 표현이 들어간 문장을 읽고 연습함으로써 정확한 패턴 구조를 다시 한 번 전달할 수 있습니다.

## BIZ 단어

각 과별로 주어진 상황에서 자주 사용하는 단어를 학습할 수 있습니다.

- 각 단어의 앞에 놓여진 체크박스를 활용하여 최소 2회 읽고 말하기 연습을 합니다.
- 각 단어의 병음 및 뜻뿐만 아니라 품사까지 정확하게 암기할 수 있도록 연습합니다.

## BIZ 미팅 Tip!

실제 중국 측과의 미팅에서 전개되는 상황에 따라 자주 사용하는 표현을 수록하였습니다.

- 1과부터 7과까지 실제 미팅에서 쓰이는 표현들을 미팅이 전개되는 상황 별로 나누어 수록하여 중국 측과의 미팅에 대해 보다 쉽게 이해할 수 있도록 구성하였습니다.
- 완성된 문장을 통해 문장 형식을 다시 한 번 파악할 수 있습니다.

## BIZ 패턴

각 과의 주요 패턴에서 제시된 문형을 바탕으로 완벽하게 암기할 수 있습니다.
- 각 과의 패턴을 활용하여 본문에서 등장한 문장 및 새로운 예문을 학습할 수 있습니다.
- 제시된 해석만 보면서 중국어 예문을 직접 작성할 수 있습니다.

## BIZ 롤플레이

다양한 비즈니스 상황 속에서 학습자들이 다양하게 대답할 수 있도록 유도하여 각 주제별 상황 및 비즈니스 대화 기술을 적용할 수 있도록 지도할 수 있습니다.
- 학습자들 스스로 역할을 정하도록 합니다.
- 학습자는 이미 제공된 배경 지식 및 정보를 활용하여 대화 및 롤플레이를 구성합니다.
- 각각의 대화 및 롤플레이의 구성에 대해 학습자들이 서로에게 충분한 조언을 전달합니다.
- 각 과별로 살펴볼 수 있는 2가지의 상황을 준비합니다.

## 复习

각 과의 전체 내용 중 가장 인상 깊었던 내용을 학습자가 직접 표현할 수 있도록 진행합니다.
- 각 과에서 기억하고 있는 표현이 무엇인지 학습자 스스로 직접 말할 수 있습니다.
- 자신의 상대방에게 해당 표현을 기억하고 있는 이유에 대해 서로 질문해 보고 내용을 공유할 수 있습니다.

# 八先生 중국어
비즈니스 스킬 | 미팅

# 目录

| | 과명 | 학습 목표 | 주요 패턴 | 페이지 |
|---|---|---|---|---|
| 제1과 | 我们举手表决一下。<br>손을 들어 표결을 진행하겠습니다. | · 선택 사항에 대한 직원들의 의견 공유<br>· 직원들의 의견을 바탕으로 보다 효과적인 방안 도출 | · 是为了……<br>· 根据……<br>· 既然 A, 就 B<br>· 由……负责 | 11 |
| 제2과 | 你有什么好的建议吗?<br>좋은 건의사항이 있습니까? | · 회사 매출 및 급여 사항에 대한 정확한 이해<br>· 회사 매출 및 급여 관련 현황에 대한 빠른 파악 | · 让……<br>· 只 A 于 B<br>· A 再好, 也 B<br>· 不敢说…… | 19 |
| 제3과 | 请两位分析一下优缺点。<br>두 분께서 장단점을 한 번 분석해 주세요. | · 회사 이전 문제에 대한 직원들간의 구체적 논의 진행<br>· 외부의 선택 사항에 대한 의견 공유 및 해결 방안 도출 | · 通过……<br>· 哪怕……<br>· 可能会……<br>· 凡事…… | 29 |
| 제4과 | 本来去年的预算也不算多。<br>본래 작년 예산도 많은 편이 아니었습니다. | · 사내 예산안에 대한 내용의 정확한 분석<br>· 사내 예산 안에 대한 직원 의견 반영 | · 意味着……<br>· 不算……<br>· 不是……的时候<br>· 非……不可 | 37 |
| 제5과 | 我们已经做好了问卷。<br>저희는 이미 설문조사를 완료하였습니다. | · 제품 출시와 관련하여 고객 요구사항 확인 조사 진행<br>· 신제품 관련 조사에 대한 직원 의견 반영 및 해결 방안 도출 | · 并……<br>· 进一步……<br>· ……好<br>· 除了……以外 | 47 |
| 제6과 | 我们再约个时间签合同。<br>시간을 다시 정해서 계약하겠습니다. | · 계약서 체결 과정 관련 표현 숙지 및 활용<br>· 중국 측과의 계약서를 체결하는 모든 절차에 대한 이해 및 실질적 이익 도출 | · 把 A 改成 B<br>· 如果……<br>· 过程中……<br>· 再好不过了…… | 57 |
| 제7과 | 我先看看他们的简历表。<br>제가 먼저 그들의 이력서를 한 번 보겠습니다. | · 신입 직원의 자료에 대한 정확한 파악<br>· 담당 직원들과 관련 자료 검토 후 사내 최적의 인재 선발 | · ……不在话下<br>· 不仅 A, 而且 B<br>· 对……<br>· 毕竟…… | 67 |

备 / 忘 / 录

## 제1과

# 我们举手表决一下。
### 손을 들어 표결을 진행하겠습니다.

 **학습목표**
01 업무 내 선택 사항에 대한 직원들의 의견을 듣고 서로 공유할 수 있습니다.
02 직원들의 의견을 바탕으로 보다 효과적인 방안을 도출할 수 있습니다.

 **주요 패턴**
01 "是为了……"
02 "根据……"
03 "既然 A, 就 B"
04 "由……负责"

 **情景对话** | 다음 사진을 보면서 아래의 단어들을 활용하여 주어진 상황에 대해 중국어로 말해보세요.

**상황** ▶ 업무와 관련하여 선택 사항에 대한 의견을 담당 직원에게 전달하고 있습니다.

抓紧 | 行程 | 进行 | 负责 | 安排

## 01 BIZ 대화

상대방과 역할을 나누어 아래의 본문을 연습한 후, 밑줄 친 곳에 새로운 표현을 넣어 문장을 만들어 보세요

### 선택 사항에 대해 결정을 내릴 때!

他们是知名百货店的职员,正在开会讨论访韩的五十名中国VIP客户。

**金部长** 我们开会的主要目的是为了①<u>安排</u>好中国VIP客户访韩的行程。

**宋部长** 上面也很重视,我们要做到万无一失,不能出现任何②<u>闪失</u>。

**李代理** 我们已选好了两个酒店,一个是离公司比较近的地方,餐饮,客房服务都很好,就是装修不够华丽。另一个也不算远,酒店装修比较③<u>华丽</u>,但比起第一家酒店房价贵两倍。还有,两家酒店都没有价格上的优惠。提供的接送车辆也是根据房间而不同。

**张代理** 这两家酒店都可以提供一个可容纳100人的大会议厅,所以我们可以在那儿举办活动。

**宋部长** 那我们举手④<u>表决</u>一下到底选哪一家。既然大家都觉得第二家酒店更好,我们就订这家。预算方面我们再跟会计部⑤<u>沟通沟通</u>,然后再向副总经理报告。

**金部长** 那预订酒店和接送安排由我负责进行,产品展示以及产品介绍由宋部长负责进行。如果没有什么异议,就散会吧。

### 새로운 표현 Tip!

**01**
部署 bùshǔ
동 배치하다

计划 jìhuà
동 계획(기획)하다,
~할 계획이다

**02**
失误 shīwù
명 실수, 실책

意外 yìwài
형 의외의, 뜻밖의

**03**
豪华 háohuá
형 화려하고 웅장하다

奢华 shēhuá
형 호화스럽다

**04**
抉择 juézé
동 선정하다, 고르다

议定 yìdìng
동 토의하여 결정하다

**05**
商量商量
shāngliangshāngliang
한 번 의논하다

讨论讨论
tǎolùntǎolùn
토론 해보다

오른쪽 질문을 읽고 중국어로 대답해 보세요.

01 他们要在中国客户面前展示什么样的产品?
02 如果您遇到这种情况,会怎么安排?

## 02 BIZ 단어

선택 사항에 대해 결정을 내릴 때 자주 사용하는 단어입니다. 아래의 단어를 따라 읽고 단어 앞의 박스에 체크 표시를 한 후 문장을 만들어 보세요.

| | | | |
|---|---|---|---|
| ☑ ☐ | 01 招待 | zhāodài | 동 (손님이나 고객에게) 대접하다 |
| ☐ ☐ | 02 客户 | kèhù | 명 거래처, 바이어, 고객 |
| ☐ ☐ | 03 行程 | xíngchéng | 명 여정, 진행 과정, 진도 |
| ☐ ☐ | 04 全面 | quánmiàn | 동 전면적이다  명 전면, 전반, 전체 |
| ☐ ☐ | 05 不够 | búgòu | 형 부족하다, 충족하지 않다<br>동 (수량이나 정도가 요구에) 모자라다, 불충분하다 |
| ☐ ☐ | 06 不算 | búsuàn | 동 ~라고 할 수 없다, ~한 편은 아니다 |
| ☐ ☐ | 07 优惠 | yōuhuì | 형 우대의, 특혜의 |
| ☐ ☐ | 08 提供 | tígōng | 동 제공하다, 공급하다, 내놓다 |
| ☐ ☐ | 09 接送车辆 | jiēsòng chēliàng | 셔틀 차량 |
| ☐ ☐ | 10 可容纳 | kěróngnà | 수용 가능한 |
| ☐ ☐ | 11 会议厅 | huìyìtīng | 명 회의장 |
| ☐ ☐ | 12 举手 | jǔshǒu | 동 손을 들다, 거수하다 |
| ☐ ☐ | 13 预算 | yùsuàn | 명 예산 |
| ☐ ☐ | 14 会计部 | kuàijìbù | 명 회계부 |
| ☐ ☐ | 15 异议 | yìyì | 명 이의, 이견 |
| ☐ ☐ | 16 散会 | sànhuì | 동 명 산회(하다) |

---

**BIZ 미팅 Tip!  会议开始的时候 I**

1. 感谢大家能在百忙之中抽出宝贵的时间，来参加这次营销会。
2. 各位来宾、各位朋友，新产品发布会马上就要开始了。
3. 我是本公司的销售部长，是本次新产品发布会的主持人。
4. 各位同事，早上好！非常荣幸能为大家主持本次会议。
5. 大家好！我们举办欢迎酒会的目的是为了热情款待海内外的嘉宾和朋友。

## 03 BIZ 패턴

주요 예문을 따라 읽고 패턴을 활용한 문장을 써 보세요.

### 01 | 是为了······   ~하기 위함이다

| | |
|---|---|
| 我们开会的主要目的**是为了**安排好中国VIP客户访韩的行程。 | ▶ 저희가 회의하는 주요 목적은 중국 VIP고객의 방한 일정을 배정하**기 위함입니다**. |
| 我们每年组织一次研习会**是为了**提高工作效率。 | ▶ 저희는 매년 한 번 워크샵을 진행하는 이유는 업무 효율을 높이**기 위함입니다**. |

### 02 | 根据······   ~에 따라, ~에 근거하여

| | |
|---|---|
| 提供的接送车辆也是**根据**房间而不同。 | ▶ 제공하는 셔틀 버스 또한 방**에 따라** 다릅니다. |
| 在展览会上, 产品的展位是**根据**产品的知名度而决定的。 | ▶ 전시장에서 상품의 진열 위치는 제품의 인지도**에 따라** 결정됩니다. |

### 03 | 既然 A, 就 B   이왕 A 가 된 이상, B하다

| | |
|---|---|
| **既然**大家都觉得第二家酒店更好, 我们**就**订这家。 | ▶ **이왕** 모두가 두 번째 호텔이 더 좋다고 생각하는 **이상**, 바로 이 호텔을 예약합시다. |
| **既然**大家都同意, 那**就**这么定吧。 | ▶ **이왕** 모두가 동의를 한 **이상**, 그럼 바로 이렇게 정합시다. |

### 04 | 由······负责   ~이(가) 담당하다

| | |
|---|---|
| 那预订酒店和接送安排**由**我**负责**进行, 产品展示和产品介绍方面**由**宋部长**负责**进行。 | ▶ 그럼, 예약한 호텔 및 손님 맞이 일정은 제**가 담당해서** 진행하고, 상품 전시 및 소개 분야는 송 부장님께서 담당해서 진행해 주세요. |
| 这次上市的新产品**由**你**负责**宣传。 | ▶ 이번에 출시한 신제품은 당신**이 담당해서** 홍보해 주세요. |

## 04 BIZ 롤플레이

상대방과 역할을 나누어 아래의 두 가지 상황에 맞는 대화를 만들어 보세요.

**情况一**

您是韩国汽车公司的营业部长,下个月在中国展示新款车,由于资金关系你们只能选择一辆为主打商品,进行广告。一辆是公司的经典版,另一辆是SUV。请您跟部门全体职员开会确定是哪辆车。

关·键·词

| 运动型多功能车　轿车　经典　豪华　小家庭　发动机(引擎)　缸引擎 |
| 双缸引擎　汽油引擎(汽油机)　狄赛尔引擎(柴油(汽)) |

**情况二**

韩国的尹先生,因突然接到去机场接总公司来的同事的通知,不得不推迟事先与中方张先生预定好的约会。现在,请您扮演尹先生,跟张先生进行对话。

关·键·词

| 信息技术　数据库　资料库　用户群　构筑　设想　管理系统　研究 |
| 总销　售额　纯利益　公司状况　员工数　公司业务种类 |

 BIZ 미팅 Tip!

**업무시간**
▸ 월~금 오전 8시~오후 5시

**점심시간**
▸ 12시~2시
  약속을 정하거나 공공기관 이용할 때 주의!

**휴무일 (5일-10일)**
▸ 노동절, 국경절, 구정
  비즈니스 약속은 4~6월, 9~10월에 잡는 것이 가장 좋다.

**중국 기업 내 직함** (보통 '姓氏+직함'의 형태)

总裁 zǒngcái 명 (기업의) 총수
董事长 dǒngshìzhǎng 명 대표이사, 회장, 이사장
最高执行官 zuìgāozhíxíngguān 명 최고 집행관
总经理 zǒngjīnglǐ 명 (기업의) 총지배인, 최고 책임자, 최고 경영자
副总经理 fùzǒngjīnglǐ 명 부사장
主任 zhǔrèn 명 실장
科长 kēzhǎng 명 과장
科员 kēyuán 명 계원
总监 zǒngjiān 명 관리자, 총감독
主管 zhǔguǎn 명 팀장

 复习

请您说一下今天的课当中印象最深的。

备 / 忘 / 录

# 제2과

# 你有什么好建议吗?

**좋은 건의 사항이 있습니까?**

01 회사 매출 및 급여 사항에 대해 이해하고 파악할 수 있습니다.
02 회사 매출 및 급여와 관련된 현황을 판단하여 보다 빠르게 일을 진행할 수 있습니다.

01 "让……"
02 "只 A, 于 B"
03 "A 再好, 也 B"
04 "不敢说……"

## 情景对话 | 다음 사진을 보면서 아래의 단어들을 활용하여 주어진 상황에 대해 중국어로 말해보세요.

**상황 ▶** 매출 및 급여 사항에 대해 회의를 진행하고 있습니다.

目标额　　规定　　销售额　　提成制　　报告

## 01 BIZ 대화

상대방과 역할을 나누어 아래의 본문을 연습한 후, 밑줄 친 곳에 새로운 표현을 넣어 대화를 만들어 보세요.

### 매출 및 급여 관련 회의할 때!

金部长在百货店销售部工作,为了提高销售额,跟人事部经理开会。

**金部长** 严经理,我找您是为了员工们的①<u>工资</u>问题。

**严经理** 你有什么好的建议吗?

**金部长** 目前,我们在中国已经开了十家分店。为了让销售额更上一层楼,想让公司为店员制定一个提成制。

**严经理** 好是好,但这也有②<u>弊端</u>。员工们只热衷于卖有提成的产品,而不愿卖没提成的产品该怎么办?

**金部长** 这个我也想过了。我们可以规定他们必须达到公司制定的③<u>目标额</u>,做不到这一点,提成产品④<u>卖得</u>再好,也拿不到提成。

**严经理** 这样会不会给他们带来太大的压力?

**金部长** 不敢说完全没有,但可以通过这种方式带动他们的积极性,也能增加他们的收入。我们的竞争公司已经实行⑤<u>提成制</u>了。

**严经理** 那你先拟一个企划书,我看完以后会向总经理报告的。

### 새로운 표현 Tip!

**01**
月薪 yuèxīn
명 월급

收入 shōurù
명 수입, 소득

**02**
利弊 lìbì
명 이로움과 폐단

优缺点 yōuquēdiǎn
명 장점과 결점

**03**
指标额 zhǐbiāoé
명 목표액

指定额 zhǐdìngé
명 지정액

**04**
销卖 xiāomài
동 판매하다

销售 xiāoshòu
동 판매하다

**05**
坐班制 zuòbānzhì
명 정상 출근제

分红制 fēnhóngzhì
명 이윤 분배제

오른쪽 질문을 읽고 중국어로 대답해 보세요.

**01** 如果是您会怎么解决工资问题?
**02** 您觉得提成制会让员工干活起劲儿吗?

## 02 BIZ 단어

업무를 지시할 때 자주 사용하는 단어입니다. 아래의 단어를 따라 읽고 단어 앞의 박스에 체크 표시를 한 후 문장을 만들어 보세요.

| | | | | |
|---|---|---|---|---|
| ☑ ☐ | 01 | 找 | zhǎo | 동 찾다, 구하다 |
| ☐ ☐ | 02 | 为了 | wèile | 개 ~을 위하여 |
| ☐ ☐ | 03 | 员工 | yuángōng | 명 직원, 종업원 |
| ☐ ☐ | 04 | 建议 | jiànyì | 명 제안, 건의안, 제의 |
| ☐ ☐ | 05 | 分店 | fēndiàn | 명 분점, 지점 |
| ☐ ☐ | 06 | 更上一层楼 | gèngshàngyìcénglóu | 성 더욱 더 정진하다, 진일보하다 |
| ☐ ☐ | 07 | 制定 | zhìdìng | 동 (방침, 정책, 제도) 제정하다, 작성하다, 확정하다 |
| ☐ ☐ | 08 | 热衷 | rèzhōng | 동 갈망하다, 열중하다, 몰두하다 |
| ☐ ☐ | 09 | 提成 | tíchéng | 동 공제하다 |
| ☐ ☐ | 10 | 不愿 | búyuàn | 동 원하지 않다 |
| ☐ ☐ | 11 | 规定 | guīdìng | 동 규정하다, 정하다  명 규정, 규칙 |
| ☐ ☐ | 12 | 必须 | bìxū | 부 반드시, 꼭, 기필코 |
| ☐ ☐ | 13 | 给……带来压力 | gěi……dàilái yālì | ~에게 스트레스를 가져다 주다 |
| ☐ ☐ | 14 | 积极性 | jījíxìng | 명 적극성 |
| ☐ ☐ | 15 | 实行 | shíxíng | 동 실행하다 |
| ☐ ☐ | 16 | 拟 | nǐ | 동 기초하다, 헤아리다, ~할 생각이다 |
| ☐ ☐ | 17 | 企划书 | qǐhuàshū | 명 기획서 |
| ☐ ☐ | 18 | 报告 | bàogào | 동 보고하다, 발표하다, 연설하다 |

## 03 BIZ 패턴

주요 예문을 따라 읽고 패턴을 활용한 문장을 써 보세요.

### 01 | 让…… ~하게 만들다(하다)

为了**让**销售额更上一层楼，想**让**公司为店员制定一个提成制。
▶ 매출액을 더 한 단계 올리**게 하기 위해서는** 회사가 근로자들을 위한 인센티브제도를 제정**하게 할** 수 있도록 하고 싶습니다.

为了促成我们的交易，我会**让**秘书把产品说明书发给贵公司的。
▶ 우리의 교역을 성사시키기 위해 비서**로 하여금** 제품 설명서를 귀사 측에게 전달할 수 있도록 하겠습니다.

### 02 | 只 A 于 B  B에 대해서만 A하다

员工们**只**热衷**于**卖有提成的产品，而不愿卖没提成的产品该怎么办？
▶ 직원들이 인센티프가 적용된 제품 판매에 대해서**만** 집중**하고** 그렇지 않은 제품에 대한 판매를 원치 않으면 어떻게 해야 합니까?

营业员不可**只**热衷**于**做好订单，跟同事友好相处也很重要。
▶ 판매원이 주문서**만** 잘 작성한다고 될 일이 아닙니다, 동료들간의 우애도 중요합니다.

### 03 | A 再好, 也 B  아무리 A해도 B하다

我们可以规定他们必须达到公司制定的目标额，做不到这一点，提成产品卖得**再好**，**也**拿不到提成。
▶ 우리는 그들이 회사가 매월 정하는 목표 금액에 도달해야 한다고 규정할 수 있지만, 이 점이 이행되지 않으면, **아무리** 제품이 **잘** 팔려도 그들은 인센티브를 받을 수 없습니다.

就算包装包得**再好**，产品质量跟不上**也**是不行的。
▶ 포장이 **아무리 잘** 되었다고 해도, 품질이 좋지 않으면 불가합니다.

### 04 | 不敢说…… 감히 ~라고 말할 수(는) 없다

**不敢说**完全没有，但可以通过这种方式带动他们的积极性，也能增加他们的收入。
▶ 완전히 없다고 **감히 말할 수 없지만**, 이러한 방식은 그들의 적극성을 부추겨 수입을 올릴 수 있습니다.

**不敢说**你这次的计划天衣无缝。
▶ **감히** 이번 계획은 흠잡을 곳 없이 완벽하**다고 말할 수는 없습니다**.

## 04 BIZ 롤플레이

상대방과 역할을 나누어 아래의 두 가지 상황에 맞는 대화를 만들어 보세요.

**情况 一**

您是某银行人事部的主管。由于客户数量不断增多，下个月要招一批新职员。为了节省预算你跟你部门的职员开会讨论以什么为教育内容，培训过程以及时间，想听听大家的意见。并且想让他们多出出主意。

**关·键·词**

范畴　电脑　财政　培训　预算　课程费用　交代　项目　银行　新职员
跟课程的相关性　训练过程

**情况 二**

公司打算针对年轻客户推出新手机。颜色、款式什么的都已准备好了。
公司希望推出的这款新手机，业绩能稳步上升，销售额不断增加。今天开会要制作一个促销方案，以有限的金额，在短期内如何引起效应。希望大家多出出主意。

**关·键·词**

数码相机像素(万)　上市日期　主屏尺寸　手机类型　支持存储卡
主屏分辨率　附加功能　操作系统

---

### BIZ 미팅 Tip! 会议结束的时候 II

1. 今天的联欢会到此结束，祝大家新年快乐！
2. 今天的会议到此结束，谢谢大家！
3. 这次会议开得很成功。谢谢大家！
4. 下面我宣布，大会圆满结束！散会！
5. 大家一起说三次加油！然后全体解散。

**复习**

请您说一下今天的课当中印象最深的。

备/忘/录

# 제3과

## 请两位分析一下优缺点。
### 두 분께서 장단점을 한 번 분석해 주세요.

 **학습목표**
01 회사의 이전 문제에 대해 담당 직원들과 보다 구체적으로 논의할 수 있습니다.
02 직원들의 다양한 의견들을 반영하여 보다 나은 해결방안을 도출할 수 있습니다.

 **주요 패턴**
01 "通过……"       03 "可能会……"
02 "哪怕…… "       04 "凡事……"

### 情景对话 | 다음 사진을 보면서 아래의 단어들을 활용하여 주어진 상황에 대해 중국어로 말해보세요.

**상황** ▶ 부서별로 모여 회사 이전 문제에 대해 회의를 진행하고 있습니다.

分析    政策    损失    人工费用    优缺点

## 01 BIZ 대화

상대방과 역할을 나누어 아래의 본문을 연습한 후, 밑줄 친 곳에 새로운 표현을 넣어 문장을 만들어 보세요.

### 회사 이전 문제에 대해 논의할 때!

为了在中国开设工厂,王部长跟行政部、生产部的主管们开会。

王部长 公司打算在中国开个加工建筑材料的工厂。通过员工们的投票已选出两个地方,广州和沈阳。请两位帮我分析一下这两个地方的优缺点。

金代理 地理位置我①<u>觉得</u>沈阳离我们近一些,而且那里会说韩语的人较多,招当地职员应该容易些,而且还有专门的韩国区。

沈代理 广州物价高,人工费用也是沈阳的1.5倍。而且那里太热,夏天停工的事情也常发生。哪怕停个两三天,也会给我们带来不少损失。

金代理 沈阳现在为了升到一线城市②<u>不断</u>招商引资。对外企有税金优惠政策,如果选择这里的话,我们可能会在③<u>劳务费以及税金</u>方面省下一笔钱。

沈代理 但沈阳的市场没有广州大,想要完善的体系大概需要两年的时间,这一点让人④<u>犹豫</u>。

王部长 是呀,凡事都有利弊。谢谢你们的分析。我会做好报告⑤<u>呈给</u>本部长的。

### 새로운 표현 Tip!

**01**
想 xiǎng
동 생각하다, ~하고 싶다

认为 rènwéi
동 여기다, 생각하다

**02**
陆续 lùxù
부 끊임없이, 계속해서

不停地 bùtíngde
줄곧

**03**
人工费用 réngōngfèiyòng
명 노동비용

租费 zūfèi
명 임대료

**04**
迟疑 chíyí
형 망설이다, 주저하다

踌躇 chóuchú
형 주저하다, 망설이다

**05**
呈送 chéngsòng
동 (삼가) 올리다, 전하다, 증정하다

呈递 chéngdì
동 (삼가) 전하다, 올리다, 바치다, 제출하다

오른쪽 질문을 읽고 중국어로 대답해 보세요.

01 如果您去中国销售产品,您会选择哪些城市? 为什么?
02 韩国对外企有税金优惠政策吗?

## 02 BIZ 단어

회사 이전 문제에 대해 논의할 때 자주 사용하는 단어입니다. 아래의 단어를 읽고 단어 앞의 박스에 체크 표시를 한 후 문장을 만들어 보세요.

| | | | |
|---|---|---|---|
| ☑ ☐ | 01 加工 | jiāgōng | 동 가공하다, 다듬다 |
| ☐ ☐ | 02 建筑材料 | jiànzhùcáiliào | 명 건축재료 |
| ☐ ☐ | 03 投票 | tóupiào | 동 투표하다 |
| ☐ ☐ | 04 分析 | fēnxī | 동 분석하다 |
| ☐ ☐ | 05 优缺点 | yōuquēdiǎn | 명 장점과 결점 |
| ☐ ☐ | 06 位置 | wèizhi | 동 위치 |
| ☐ ☐ | 07 招 | zhāo | 동 모집하다, 초빙하다 |
| ☐ ☐ | 08 当地 | dāngdì | 명 현지, 현장 |
| ☐ ☐ | 09 容易 | róngyì | 형 쉽다, 용이하다 |
| ☐ ☐ | 10 停工 | tínggōng | 동 일을 멈추다, 작업을 중지하다 |
| ☐ ☐ | 11 损失 | sǔnshī | 명 손실, 손해 |
| ☐ ☐ | 12 引资 | yǐnzī | 동 자금을 끌어넣다 |
| ☐ ☐ | 13 外企 | wàiqǐ | 명 외자기업 |
| ☐ ☐ | 15 优惠政策 | yōuhuìzhèngcè | 명 우대정책 |
| ☐ ☐ | 16 体系 | tǐxì | 명 체계 |
| ☐ ☐ | 17 利弊 | lìbì | 명 좋은 점과 나쁜 점 |

---

**BIZ 미팅 Tip! 谈会议目的时候 II**

❶ 今天开会的主要内容是如何扩大中国市场。
❷ 今天我想请大家商讨一下,关于新产品的企划案。
❸ 今天开会的主要目的有以下几点。
❹ 今天开会是想给大家汇报一下最近的工作情况。
❺ 今天开会是为了通知大家下半年公司的计划。

## 03 BIZ 패턴

주요 예문을 따라 읽고 패턴을 활용한 문장을 써 보세요.

### 01 | 通过…… ~을 통해

**通过**员工们的投票已选出两个地方，广州和沈阳。
▶ 직원들의 투표를 **통해** 광저우와 선양이라는 두 곳의 지역을 이미 선택했습니다.

**通过**贵公司的介绍，我们已决定与他们合作。
▶ 귀사 측의 소개를 **통해**, 저희는 그들과 협력하기로 이미 결정했습니다.

### 02 | 哪怕…… 설령 ~ 라고 해도

**哪怕**停个两三天，也会给我们带来不少损失。
▶ **설령** 2~3일 쉰다고 **해도** 저희에게 적지 않은 손실을 가져다 줄 것입니다.

这么重要的事，**哪怕**开夜车，也得做完。
▶ 이렇게 중요한 일은, **설령** 밤을 새서**라도** 모두 완성해야 합니다.

### 03 | 可能会…… ~일 것 같다

如果选择这里的话，我们**可能会**在工资以及税金方面省下一笔钱。
▶ 만약 이 곳을 선택한다면, 저희는 급여 및 세금 면에서 큰 돈을 절약할 수 **있을 것 같습니다**.

在三线城市建工厂，拿许可证**可能会**容易一些。
▶ 3선 도시에 공장을 세우는 것이 허가증을 받기 쉬울 **것 같습니다**.

### 04 | 凡事…… 어떤(무슨) 일이든, 모든 일

是呀，**凡事**都有利弊。
▶ 그래요, **어떤 일이든** 모두 좋은 점과 나쁜 점이 있습니다.

做生意风险大，**凡事**都要谨慎一些。
▶ 사업을 하는 것은 위험이 큰 편이니 **모든 일에** 좀 더 신중해야 합니다.

## 04 BIZ 롤플레이

상대방과 역할을 나누어 아래의 두 가지 상황에 맞는 대화를 만들어 보세요.

**情况一**

您是中国化妆品分公司的总经理,现在员工人数不断增加,想搬到更大的办公室。所以把搬办公室以后的优缺点拟了一个文件,提交到了总公司。

关·键·词

| 员工　不断　增加　办公室　搬　地区　总公司　要求 |

**情况二**

您是某公司的人事部主管,开会讨论职员的福利问题。由于公司预算不多,所以只能从10个选项中选择4项。请开会说明这些福利项目的利弊,然后让全体员工自己选择,公司会以票数来决定。

关·键·词

| 福利政策　预算案　过目　提议案　派　支援　去忙吧　补助 |

**复习**

请您说一下今天的课当中印象最深的。

备 / 忘 / 录

## 제4과

# 本来去年的预算也不算多。

**본래 작년의 예산 또한 많은 편은 아니었습니다.**

01 회사의 예산안에 대한 내용을 정확하게 분석할 수 있습니다.
02 사내 예산안에 대한 직원들의 의견을 반영하여 해결 방안을 도출할 수 있습니다.

01 "意味着……"  03 "不是……的时候"
02 "不算……"    04 "非……不可"

### 情景对话 | 다음 사진을 보면서 아래의 단어들을 활용하여 주어진 상황에 대해 중국어로 말해보세요.

**상황 ▶** 담당 직원이 부서 직원들에게 사내 예산안에 대한 관련 사항을 전달하고 있습니다.

| 分析 | 政策 | 损失 | 人工费用 | 有缺点 |

## 01 BIZ 대화

상대방과 역할을 나누어 아래의 본문을 연습한 후, 밑줄 친 곳에 새로운 표현을 넣어 대화를 만들어 보세요.

### 사내 예산안에 대해 회의할 때!

张部长是食品公司的会计主管,在新年即将来临之际,将调整预算案。

**张部长** 董事长对去年的超额吃住非常不满,今年的预算会减少15%,也相应的采取了一些①<u>措施</u>。

**宋代理** 那样的话,是不是意味着不会招聘新职员? 本来去年的预算也不算多,再②<u>减少</u>15%,我们该怎么办呢?

**金代理** 开发新产品需要时间与资金,这个时候减少预算对我们来说相当困难。

**张部长** 不是③<u>埋怨</u>的时候,还是想想该怎么解决。 大家看一下,哪些事项可以减少拨款或去掉。

**金代理** 网站④<u>更新</u>,现在是一周一次,我们可以改为一季一次。

**朴代理** 还有广告费,我觉得模特儿不一定非要大明星不可。请金牌运动员也不错。

**宋代理** 我想员工培训方面也可以减少经费,⑤<u>研习会</u>减到一年两次,外语培训从全额补助降到一半也可。

**张部长** 我会把大家的意见报告给总经理的。那就散会吧。

### 새로운 표현 Tip!

**01**
举措 jǔcuò
명 거동, 조치

方法 fāngfǎ
명 방법, 수단

**02**
少给 shǎogěi
~에게 적게 주다

减去 jiǎnqù
동 없애 버리다

**03**
生气 shēngqì
동 화내다

抱怨 bàoyuàn
동 (불만을 품고) 원망하다

**04**
换新 huànxīn
동 새롭게 하다, 바꾸다

更改 gēnggǎi
동 변경하다, 바꾸다

**05**
聚餐 jùcān
동 회식하다

员工培训 yuángōng péixùn
명 직원 훈련

오른쪽 질문을 읽고 중국어로 대답해 보세요.

**01** 您觉得怎么分配预算合理呢?
**02** 你们公司对职员有什么样的福利?

## 02 BIZ 단어

사내 예산안에 대해 회의할 때 자주 사용하는 단어입니다. 아래의 단어를 따라 읽고 단어 앞의 박스에 체크 표시를 한 후 문장을 만들어 보세요.

| | | | |
|---|---|---|---|
| ☑ ☐ | 01 会计主管 | kuàijì zhǔguǎn | 명 회계팀장 |
| ☐ ☐ | 02 即将 | jíjiāng | 부 곧, 머지않아 |
| ☐ ☐ | 03 来临 | láilín | 동 이르다, 다가오다 |
| ☐ ☐ | 04 调整 | tiáozhěng | 동 조정하다, 조절하다 |
| ☐ ☐ | 05 预算案 | yùsuàn'àn | 명 예산안 |
| ☐ ☐ | 06 措施 | cuòshī | 명 조치, 대책 |
| ☐ ☐ | 07 意味着 | yìwèizhe | 동 의미하다, 뜻하다, 나타내다 |
| ☐ ☐ | 08 预算 | yùsuàn | 동 명 예산(하다) |
| ☐ ☐ | 09 资金 | zījīn | 명 자금 |
| ☐ ☐ | 10 相当 | xiāngdāng | 부 상당히, 무척 |
| ☐ ☐ | 11 困难 | kùnnan | 형 곤란하다, 어렵다 |
| ☐ ☐ | 12 拨款 | bōkuǎn | 동 (정부, 상급 기관) 지급금, 지출금 |
| ☐ ☐ | 13 去掉 | qùdiào | 동 없애 버리다 |
| ☐ ☐ | 14 改为 | gǎiwéi | 동 변하여 ~이 되다 |
| ☐ ☐ | 15 补助 | bǔzhù | 명 보조금 |
| ☐ ☐ | 16 降到 | jiàng dào | ~까지 내려가다 |

### BIZ 미팅 Tip! 业务指示的时候 II

① 下班之前，把下个月的计划书编好后交到办公室。
② 中午之前，把会议通知发送到参会人员手中。
③ 现在马上把这个资料发送到中国分社。
④ 别忘了，明天下午，你开车去机场接一下上海来的客人。
⑤ 周末之前，一定把这个说明书翻译成韩文。

## 03 BIZ 패턴

주요 예문을 따라 읽고 패턴을 활용한 문장을 써 보세요.

### 01 | 意味着…… ~을 의미하다, 뜻하다

| | |
|---|---|
| 那样的话, 是不是**意味着**不会招聘新职员? | 그렇다면, 새로운 직원을 모집하지 않겠다는 것을 **의미하는** 건가요? |
| 生产效率的提高**意味着**劳动力的节省。 | 생산율의 제고는 노동력의 절감을 **의미합니다**. |

### 02 | 不算…… ~한 편은 아니다

| | |
|---|---|
| 本来去年的预算也**不算**多, 再减少15%, 我们该怎么办呢? | 원래 작년의 예산 또한 많은 **편도 아니고** 15% 줄어 들었는데 저희는 어떻게 해야 합니까? |
| 这个质量的产品才这价钱, **不算**贵。 | 이 정도 품질의 제품이 이 가격이면 비싼 **편은 아닙니다**. |

### 03 | 不是……的时候 ~할 때가 아니다

| | |
|---|---|
| **不是**埋怨**的时候**, 还是想想该怎么解决。 | 원망할 **때가 아니니**, 어떻게 해결해야 할지 그래도 한 번 생각해 봅시다. |
| 现在**不是**产品上市**的时候**, 应该等到投资到位后, 才可展示新产品。 | 지금은 제품을 출시 **할 때가 아니니까** 투자가 어느 정도 요구하는 수준에 도달했을 때 신제품을 전시할 수 있습니다. |

### 04 | 非……不可 ~하지 않으면 안 된다

| | |
|---|---|
| 还有广告费, 我觉得模特儿不一定**非**要大明星**不可**。 | 그리고 광고비는 제 생각에 모델도 어쩌면 유명 배우만큼 요구**하지 않으면 안 될 것 같습니다**. |
| 这次的项目**非**做**不可**。 | 이번 프로젝트는 **반드시 해야 합니다**. |

## 04 BIZ 롤플레이

상대방과 역할을 나누어 아래의 두 가지 상황에 맞는 대화를 만들어 보세요.

**情况一**

您是某公司的销售部经理,你们部门的电脑有六年没换了,电脑速度太慢,所以想换新款电脑。由于预算不多,你要跟财政部门的人开会商量,怎么换才好。

关·键·词

| 会计部 | 手提电脑 | 更换 | 电池寿命 | 重量 | 系统支援 | 性能 | 主频大小 | 速度 |

**情况二**

您是某公司的管理主管,最近视察中国工厂时发现,员工工作态度懒散,为了改善这种情况,同时提高工作效率,跟其他部门的职员开会商量,在有限的预算中,如何提高生产量,以及改善这种工作态度。

关·键·词

怠慢　种种　好方法　有创意的　提高　工作效率　选择　工厂　员工　改掉　各部门　上下班　按指纹

**复习**

请您说一下今天的课当中印象最深的。

备/忘/录

# 제5과

## 我们已经做好了问卷。

저희는 이미 설문조사를 완료하였습니다.

01 신제품 출시를 앞두고 고객의 요구사항을 확인하기 위한 조사를 진행할 수 있습니다.
02 신제품 관련 조사에 대한 직원들의 의견을 반영하여 해결 방안을 도출할 수 있습니다.

01 "并……"   03 "……好"
02 "进一步……"   04 "除了……以外"

### 情景对话 | 다음 사진을 보면서 아래의 단어들을 활용하여 주어진 상황에 대해 중국어로 말해보세요.

**상황 ▶** 요구사항에 대해 회의를 하고 있습니다.

需求    问卷    了解    客户    开研

## 01 BIZ 대화

상대방과 역할을 나누어 아래의 본문을 연습한 후, 밑줄 친 곳에 새로운 표현을 넣어 문장을 만들어 보세요

### 제품에 대한 사전 조사에 대해 회의할 때!

金经理是服装公司的经理,他们公司打算年内做好设计以及其他相关工作,并进军中国。

**金经理** 公司计划将这次研发的①<u>新原料</u>和环保材料做成户外产品,并准备今年在中国市场②<u>上市</u>。但在原料颜色的选择上以及户外产品款式的选择上,还需要做进一步的调查。

**李代理** 为了更好的③<u>了解</u>客户的需求,我们已经做好了问卷。

**崔科长** 我们打算下午分三批人,去明洞、江南和宏大附近去做调查,那里中国人比较多。参与问卷者,送一支带有我们公司商标的圆珠笔。

**张代理** 我们还在④<u>微博</u>上上传了我们的问卷,参与问卷调查将赠送一张我们产品的优惠券。

**崔科长** 除了公司网站以外,还在知名购物网站也刊登了我们的问卷。

**金经理** 不错,那就按你们的⑤<u>方案</u>进行吧。

### 새로운 표현 Tip!

**01**
新技术 xīnjìshù
명 신 기술

新项目 xīnxiàngmù
명 신규 프로젝트

**02**
打造 dǎzào
동 제조하다, 만들다

推出 tuīchū
동 내놓다, 출시하다

**03**
打听 dǎting
동 물어보다, 알아보다

清楚 qīngchu
동 이해하다, 알다

**04**
微信 wēixìn
명 위챗(웨이신: 중국의 무료 채팅 어플)

连我 liánwǒ
명 라인

**05**
方法 fāngfǎ
명 방법, 수단

想法 xiǎngfǎ
명 생각, 의견

오른쪽 질문을 읽고 중국어로 대답해 보세요.

**01** 在您的立场来看,您觉得怎么开发新材料合理呢?
**02** 为了了解客户的需求,我们首先要进行什么?

## 02 BIZ 단어

제품에 대한 사전조사 회의할 때 자주 사용하는 단어입니다. 아래의 단어를 따라 읽고 단어 앞의 박스에 체크 표시를 한 후 문장을 만들어 보세요.

| | | | |
|---|---|---|---|
| ☑ ☐ | 01 研发 | yánfā | 동 연구 제작하여 개발하다 |
| ☐ ☐ | 02 设计 | shèjì | 동 설계(하다), 계획(하다), 디자인(하다) |
| ☐ ☐ | 03 进军 | jìnjūn | 동 (열심히 분투하여 어떤 임무를 이행하기 위해) 나아가다, 진군하다 |
| ☐ ☐ | 04 上市 | shàngshì | 동 출시되다 |
| ☐ ☐ | 05 需求 | xūqiú | 명 수요, 필요 |
| ☐ ☐ | 06 问卷 | wènjuàn | 명 설문조사 |
| ☐ ☐ | 07 批 | pī | 양 (회차의 개념)(사람의) 무리, (물건의)한 무더기 |
| ☐ ☐ | 08 调查 | diàochá | 동 조사하다 |
| ☐ ☐ | 09 商标 | shāngbiāo | 명 상표 |
| ☐ ☐ | 10 微博 | wēibó | 명 미니 블로그 |
| ☐ ☐ | 11 参与 | cānyù | 동 참여하다 |
| ☐ ☐ | 12 知名 | zhīmíng | 형 잘 알려진, 저명한 |
| ☐ ☐ | 13 购物网站 | gòuwù wǎngzhàn | 명 쇼핑 웹사이트 |
| ☐ ☐ | 14 登上 | dēngshàng | 올라서다 |

---

**BIZ 미팅 Tip!** 事情处理完了之后 **I**

❶ 产品质量问题处理好了吗? 很好, 你辛苦了!
❷ 设备故障原因找出来了吗? 做得不错, 回去好好儿休息!
❸ 年终报告书已经写完了吗? 好, 总结得不错。
❹ 你给客户道歉了吗? 记住, 这种事儿下不为例。
❺ 已经查处价格过高的主要因素了吗? 下次不能再这样马虎。

## 03 BIZ 패턴

주요 예문을 따라 읽고 패턴을 활용한 문장을 써 보세요.

### 01 | 并…… ~하여, ~하고

公司计划将这次研发的新原料和环保材料做成户外产品，**并**准备今年在中国市场上市。
▶ 회사는 이번에 연구개발한 신 원료 및 환경보호 자재로 실외제품을 만들**어** 올해 중국 시장에 출시할 준비를 계획하고 있습니다.

请查看信息**并**回复。
▶ 해당 정보를 확인하시**고** 회신 부탁 드립니다.

### 02 | 进一步…… 한 걸음 나아가다(더 들어가다)

但在原料颜色的选择上以及户外产品款式的选择上，还需要做**进一步**的调查。
▶ 그러나 원료 색상의 선택 및 실외 제품 스타일의 선택 면에서, 한 걸음 **나아간** 자료 조사가 아직 필요합니다.

这个问题还要做**进一步**的研究和讨论。
▶ 이 문제는 **한 걸음 더 들어간** 연구 및 토론으로 진행해야 합니다.

### 03 | ……好 ~을 모두 마치다, ~을 완료하다

为了更好的了解客户的需求，我们已经做**好**问卷。
▶ 고객의 요구를 더 잘 이해하기 위해서 저희는 이미 설문조사**를 완료했습니다**.

为了在明天会议上万无一失，我们已做**好**所有的准备。
▶ 내일 회의에서 한 치의 실수도 없도록 하기 위해 저희는 만반의 준비**를 모두 마쳤습니다**.

### 04 | 除了……以外 ~외(에도)

**除了**公司网站**以外**，还在知名购物网站也登上了我们的问卷。
▶ 회사 홈페이지 **외** 유명 쇼핑몰 홈페이지에도 저희의 설문조사가 올려져 있습니다.

明天的新产品发布会上**除了**董事会的人**以外**，代理以上人员也参加。
▶ 내일 신제품 발표회에서는 이사회 관련자 **외에도** 대리급 이상의 인원 모두 참석합니다.

## 04 BIZ 롤플레이

상대방과 역할을 나누어 아래의 두 가지 상황에 맞는 대화를 만들어 보세요.

**情况一**

您是某建筑公司的营业部主管，想在中国开辟市场。您开会商讨关于房屋的问卷事项，并吩咐您的下属们，去免税店进行市场调查。因为那里中国游客多，我们能更好的掌握他们住房时存在的不便问题。

关·键·词

| 住楼 | 下水道 | 结构 | 电梯 | 设施 | 停车场 | 保安 | 物业管理费 | 安全性 |

**情况二**

如今中国女性对护肤越来越感兴趣。你们化妆品公司针对中国女性推出了一款抗皱系列，您跟同事们要去做市场调查，开会讨论准备事宜以及场所。

关·键·词

补水　问卷　皮肤类型　嫩肤　护肤品　洗面奶种类　关心事项　美白
去皱　皮肤再生

**复习**

请您说一下今天的课当中印象最深的。

备/忘/录

# 제6과

## 我们再约个时间签合同。
### 시간을 다시 정해서 계약하겠습니다.

 **학습목표**
01 계약서를 체결하는 과정과 관련된 주요 표현들을 숙지하여 실제로 활용할 수 있습니다.
02 중국 측과 계약서를 체결하는 모든 절차에 대해 정확하게 이해하여 회사의 실질적인 이익을 얻어낼 수 있습니다.

 **주요 패턴**
01 "把 A 改成 B"
02 "如果……"
03 "过程中……"
04 "再好不过了……"

### 情景对话 | 다음 사진을 보면서 아래의 단어들을 활용하여 주어진 상황에 대해 중국어로 말해보세요.

**상황** ▶ 중국 측과 공식적으로 계약을 체결하고 있습니다.

草案　　　保险金　　　订单　　　进入　　　签合同

## 01 BIZ 대화

상대방과 역할을 나누어 아래의 본문을 연습한 후, 밑줄 친 곳에 새로운 표현을 넣어 문장을 만들어 보세요

### 중국 측과 공식적으로 계약을 체결할 때!

东北集团营业部次长为了把保健品打入到中国市场,跟中方开会。

宋次长　我是东北集团的营业部宋次长。
崔部长　你好,我是西北公司①<u>国际贸易部</u>的崔部长,幸会。
宋次长　我们的②<u>保健品</u>在国内很受欢迎,为了进入中国市场,打算把食品的包装改成中国人喜欢的款式。
崔部长　对贵公司做出的努力我很感激,但贵公司给出的③<u>到岸价</u>稍微高了一点,能否调整?如果可以的话,我们会大量订购的。
宋次长　贵公司想要我们让多少呢?
崔部长　再给5%的优惠,而且必须保质保量。若在运输过程中出现产品④<u>损坏</u>,需贵公司负责。
宋次长　好吧,为了我们⑤<u>长久</u>的合作我愿意让步,但保险金均由贵公司出。
崔部长　好,关于订单合同内容会拟一个草案发给你,看完以后没什么问题,我们再约个时间签合同。
宋次长　这样再好不过了。

### 새로운 표현 Tip!

**01**
销售部 xiāoshòubù
명 판매부

行政部 xíngzhèngbù
명 행정부

**02**
彩妆 cǎizhuāng
명 메이크 업

SUV汽车 SUV qìchē
명 SUV 자동차

**03**
离岸价 lí'ànjià
명 갑판도 가격

货价加运费(CFR) huòjià jiāyùnfèi
명 운임포함가격

**04**
损失 sǔnshī
동 손실되다, 손해보다

损伤 sǔnshāng
동 손상되다, 상처를 입다

**05**
继续 jìxù
명 계속, 연속

永久 yǒngjiǔ
형 영원한

오른쪽 질문을 읽고 중국어로 대답해 보세요.

01 你们公司和中方有签过合同吗? 有的话,它是什么样的合同?
02 与中方签合同时,注意事项是什么呢?

## 02 BIZ 단어

중국 측과 공식적으로 계약 체결할 때 자주 사용하는 단어입니다. 아래의 단어를 따라 읽고 단어 앞의 박스에 체크 표시를 한 후 문장을 만들어 보세요.

| | | | | |
|---|---|---|---|---|
| ☑ ☐ | 01 | 保健品 | bǎojiànpǐn | 명 건강보조식품 |
| ☐ ☐ | 02 | 打入 | dǎrù | 동 (상품) 들어가다, 진입하다 |
| ☐ ☐ | 03 | 签合同 | qiān hétong | 계약을 체결하다 |
| ☐ ☐ | 04 | 包装 | bāozhuāng | 동 (물건) 포장하다  명 포장 |
| ☐ ☐ | 05 | 款式 | kuǎnshì | 명 스타일, 양식, 격식 |
| ☐ ☐ | 06 | 感激 | gǎnjī | 동 감격하다 |
| ☐ ☐ | 07 | 稍微 | shāowēi | 부 조금, 약간, 다소 |
| ☐ ☐ | 08 | 调整 | tiáozhěng | 동 조정하다, 조절하다 |
| ☐ ☐ | 09 | 保质保量 | bǎozhìbǎoliàng | 질적 양적으로 보증하다 |
| ☐ ☐ | 10 | 合作 | hézuò | 동 협력하다 |
| ☐ ☐ | 11 | 让步 | ràngbù | 동 양보하다 |
| ☐ ☐ | 12 | 保险金 | bǎoxiǎnjīn | 명 보험료 |
| ☐ ☐ | 13 | 均 | jūn | 형 균등하다 |

### BIZ 미팅 Tip! 转移话题的时候 I

❶ 我忽然想起一件事来。
❷ 对了, 我怎么忘了这件事了呢?
❸ 差点儿忘了。
❹ 你听说过没有?
❺ 我们言归正传。

## 03 BIZ 패턴

주요 예문을 따라 읽고 패턴을 활용한 문장을 써 보세요.

### 01 | 把 A 改成 B   A를 B로 바꾸다

为了进入中国, 打算把食品的包装改成中国人喜欢的款式。
▶ 중국에 진입하기 위해 식품 포장 중국인이 좋아하는 스타일로 바꿀 계획입니다.

为了让贵公司出货方便, 我们把装运港改成青岛了。
▶ 귀사 측이 출하를 편하게 할 수 있도록 저희는 운송항을 칭다오로 변경했습니다.

### 02 | 如果……   만약 ~라면

如果可以的话, 我们会大量订购的。
▶ 만약 괜찮다면, 저희는 대량으로 주문할 수 있습니다.

如果贵公司允许的话, 我想参观一下贵公司工厂的生产线。
▶ 만약 귀사 측이 허락한다면, 저는 귀사 공장의 생산 라인을 참관하고 싶습니다.

### 03 | 过程中……   ~과정 중

若在运输过程中出现产品损坏, 需贵公司负责。
▶ 만약 운송 과정 중 제품이 손상될 시, 저희 측은 귀사에게 책임을 요구할 것입니다.

产品在生产过程中, 一定要保证质量。
▶ 제품 생산 과정 중, 품질은 반드시 보장되어야 합니다.

### 04 | 再好不过了……。   이보다 더 좋을 수 없다

这样再好不过了。
▶ 이렇게 이보다 더 좋을 수 없습니다.

如果贵公司肯把目的港改为釜山, 那对我们来说, 再好不过了。
▶ 만약 귀사가 목적항을 부산으로 수락하신다면, 저희 측으로써는 그보다 더 좋을 수 없을 것입니다.

## 04 BIZ 롤플레이

상대방과 역할을 나누어 아래의 두 가지 상황에 맞는 대화를 만들어 보세요.

**情况 一**

对方公司已拟好机械设备购销合同书，拿给你们看，但参阅附件中，发现了一些对你们公司极为不利的条款，所以暂时没签合同。您打算开会修改合同后，再与对方公司签约。

**关·键·词**

| 品名 | 规格 | 交货期 | 检测调试 | 条款 | 纰漏 | 修正 | 期限 | 付款方式 |

**情况 二**

您是销售部主管，根据双方公司达成的一致意见，你们公司制定了建筑材料出售合同草案，但对方公司对索赔条款及其他款项不满意，所以双方决定修改合同后，另约时间签合同。

**关·键·词**

| 稍作调整 | 商检机构 | 相关费用 | 索赔金额 | 加进 | 合同书 | 交易条件 |

**复习**

请您说一下今天的课当中印象最深的。

备/忘/录

## 제7과

# 我先看看他们的简历表。

### 제가 먼저 그들의 이력서를 한 번 보겠습니다.

 **학습목표**
01 신입 직원에 대한 관련 자료를 보고 사실 내용을 정확하게 파악할 수 있습니다.
02 담당 직원과 신입 직원 자료를 검토한 후 회사에 가장 적합한 인재를 선발할 수 있습니다.

 **주요 패턴**
01 "……不在话下"
02 不仅 A, 而且 B
03 "对……"
04 "毕竟……"

## 情景对话 | 다음 사진을 보면서 아래의 단어들을 활용하여 주어진 상황에 대해 중국어로 말해보세요.

**상황 ▶** 사내 신입 직원 이력서를 보면서 관련 사항에 대해 이야기를 나누고 있습니다.

草案 | 保险金 | 订单 | 进入 | 签合同

## 01 BIZ 대화

상대방과 역할을 나누어 아래의 본문을 연습한 후, 밑줄 친 곳에 새로운 표현을 넣어 문장을 만들어 보세요.

### 신입 직원을 최종 심사할 때!

他们是汽车公司的职员, 要招一名销售专家, 看看哪一位应聘者更适合这个职位。

章经理　老板要求我招一名营业方面的①<u>专家</u>。你帮我一起看看, 哪位更适合我们公司。

姜代理　好, 我先看看他们的简历表。

章经理　怎么样?

姜代理　两位的工作经验都比较丰富, 都是这方面的专家。

章经理　他们学历好, ②<u>而且</u>在外企工作时, 也有较好的成绩。取得③<u>各种资格证</u>什么都④<u>不在话下</u>。

姜代理　不过崔建华要求的年薪比卫小辉的低两万。

章经理　我觉得两个人的能力⑤<u>相当</u>, 不过崔建华不仅在韩国留过学, 而且还有TOPIK资格证。我想他对韩国文化了解会更深一点。

姜代理　是吗? 那咱们公司将来开发韩国市场时, 可以派他去做前期工作, 毕竟在韩国生活过, 跟韩国人沟通起来比较方便。那就录用崔建华吧。

章经理　好, 我把崔建华的资料呈给老板。

### 새로운 표현 Tip!

**01**
行家 hángjia
명 전문가, 숙련가

内行 nèiháng
명 전문가, 숙련자

**02**
并且 bìngqiě
접 게다가, 그리고

还有 háiyǒu
접 그리고, 또한

**03**
HSK资格证
HSK zīgézhèng
명 HSK 자격증

托福资格证
tuōfú zīgézhèng
명 토플 자격증

**04**
无可挑剔 wúkětiāotì
흠 잡을 여지가 없다

没的说 méideshuō
두말할 필요가 없다

**05**
不分上下 bùfēnshàngxià
승패를 가리기 힘들다

旗鼓相当 qígǔxiāngdāng
성 막상막하이다

오른쪽 질문을 읽고 중국어로 대답해 보세요.

01 您觉得怎样挑选应聘者是最好的?
02 你们公司对职员有什么样的福利?

## 02 BIZ 단어

신입 직원을 최종 심사할 때 자주 사용하는 단어입니다. 아래의 단어를 따라 읽고 단어 앞의 박스에 체크 표시를 한 후 문장을 만들어 보세요.

| | | |
|---|---|---|
| 01 专家 | zhuānjiā | 명 전문가 |
| 02 申请人员 | shēnqǐngrényuán | 명 신청인 |
| 03 挑(选) | tiāoxuǎn | 동 고르다, 선발하다, 선택하다 |
| 04 应聘者 | yìngpìnzhě | 명 응시자(지원자) |
| 05 胜任 | shèngrèn | 동 (맡은 직책이나 임무) 능히 감당하다 |
| 06 适合 | shìhé | 동 적합하다, 부합하다 |
| 07 简历表 | jiǎnlìbiǎo | 명 이력서 |
| 08 工作经验 | gōngzuò jīngyàn | 명 업무 경험 |
| 09 营业 | yíngyè | 동 영업하다 |
| 10 年薪 | niánxīn | 명 연봉 |
| 11 相当 | xiāngdāng | 동 엇비슷하다, 대등하다, 상당하다 |
| 12 资格证 | zīgézhèng | 명 자격증 |
| 13 毕竟 | bìjìng | 부 결국, 끝내, 필경 |
| 14 沟通 | gōutōng | 동 연결하다, 소통하다 |
| 15 录用 | lùyòng | 동 채용하다, 임용하다 |
| 16 呈给 | chénggěi | ~에게 드리다 |

---

### BIZ 미팅 Tip! 结束发言的时候 I

❶ 我的发言到此为止。

❷ 我的表达不知道你是否清楚?

❸ 我的演讲到这儿就结束了, 大家还有什么问题吗?

❹ 对我刚才的说明, 您还有疑问吗?

❺ 我说完了, 不知道您是否满意。

## 03 BIZ 패턴

주요 예문을 따라 읽고 패턴을 활용한 문장을 써 보세요.

### 01 | ……不在话下  전혀 문제될 것이 없다

| | |
|---|---|
| 取得各种资格证什么都**不在话下**。 | 여러 자격증을 취득하면 **전혀 문제될 것이 없습니다**. |
| 这点儿活计, **不在话下**, 我一会儿就能干完。 | 이 정도의 일은 **전혀 문제될 것이 없습니다**. 잠시 후면 다 끝낼 수 있습니다. |

### 02 | 不仅 A, 而且 B  A뿐만 아니라 B도

| | |
|---|---|
| 不过崔建华**不仅**在韩国留过学, **而且**还有 TOPIK资格证。 | 그런데 최건화 씨는 한국에서 유학을 했을 **뿐만 아니라** TOPIK 자격증**도** 가지고 있습니다. |
| 吸烟**不仅**有害个人健康, **而且**还影响他人健康。 | 흡연은 개인 건강을 해칠 **뿐만 아니라** 타인의 건강에**도** 영향을 미칩니다. |

### 03 | 对……  ~에 대해

| | |
|---|---|
| 我想他**对**韩国的文化了解会更深一点。 | 저는 그가 한국 문화**에 대한** 이해가 더 깊을 것이라고 생각합니다. |
| 我方**对**贵公司的安排非常满意。 | 저희 측은 귀사의 조율**에 대해** 매우 만족합니다. |

### 04 | 毕竟……  결국, 끝내, 필경

| | |
|---|---|
| **毕竟**在韩国生活过，跟韩国人沟通起来比较方便。 | **필경** 한국에서 생활한 적이 있으니, 한국인과 소통하기에는 비교적 편합니다. |
| 我们的企业**毕竟**还年轻,要走的路还很远。 | 저희 기업은 **필경** 설립된 지 얼마 되지 않아서 가야 할 길이 아직 멉니다. |

## 04 BIZ 롤플레이

상대방과 역할을 나누어 아래의 두 가지 상황에 맞는 대화를 만들어 보세요.

**情况一**

您是某大型企业的人事部经理,你们公司打算打入中国市场,但不想聘用太多的中国职员。所以要聘请中文老师、教职员,也当是给职员一个学习的机会,这里有很多的应聘者。请您开会在其中选择一位中文老师。

**关·键·词**

| 师范大学 | 毕业 | 教过 | 文化 | 汉族 | 普通大学 | 经验 | 丰富 | 对满意 |

**情况二**

您是某公司的销售部门经理,这几年业务不断增加,想招聘两名新职员。您在应聘者当中已选好了6位,现在跟人事部门的人开会讨论,到底选哪两个人。

**关·键·词**

| 资格证书 | 表现 | 印象 | 大学生活 | 社会经验 | 对感兴趣 | 性格 | 有过 |

**复习**

请您说一下今天的课当中印象最深的。

备/忘/录

**八先生 중국어**
비즈니스 스킬 | 미팅

# 단어 부록

찾아보기

## A

| 安排 | ānpái | 동 (인원, 시간) 안배하다, 일을 처리하다, 준비하다 |
| --- | --- | --- |
| 安全性 | ānquánxìng | 명 안전성 |

## B

| 把 A 改成 B | bǎ A gǎichéng B | A를 B로 바꾸다 |
| --- | --- | --- |
| 百忙之中 | bǎimáng zhīzhōng | 바쁜 가운데에서도 |
| 搬 | bān | 동 (비교적 크거나 무거운 것) 운반하다, 옮기다 |
| 办公室 | bàngōngshì | 명 사무실 |
| 保安 | bǎo'ān | 동 치안을 유지하다 / 명 보안 요원 |
| 报告 | bàogào | 동 보고하다, 발표하다, 연설하다 |
| 宝贵 | bǎoguì | 형 진귀한, 귀중한, 소중한, 보배로운, 중시하다, 소중하게 여기다 |
| 保健品 | bǎojiànpǐn | 명 건강보조식품 |
| 保险金 | bǎoxiǎnjīn | 명 보험료 |
| 抱怨 | bàoyuàn | 동 (불만을 품고) 원망하다 |
| 保质保量 | bǎozhìbǎoliàng | 명 질적 양적으로 보증하다 |
| 包装 | bāozhuāng | 동 (물건) 포장하다 / 명 포장 |
| 弊端 | bìduān | 명 폐단, 폐해, 병폐 |
| 毕竟 | bìjìng | 부 결국, 끝내, 필경 |
| 必须 | bìxū | 부 반드시, 꼭, 기필코 |
| 毕业 | bìyè | 동 졸업(하다) |
| 表达 | biǎodá | 동 (자신의 사상이나 감정) 나타내다, 표현하다, 드러내다 |
| 表决 | biǎojué | 동 표결하다 |
| 表现 | biǎoxiàn | 동 나타내다, 표현하다 / 명 태도, 품행, 행동, 표현 |
| 并 | bìng | 접 게다가, 그리고 |
| 并且 | bìngqiě | 접 게다가, 나아가, 그리고, 동시에 |
| 拨款 | bōkuǎn | 동 (정부, 상급 기관) 지급금, 지출금 |
| 不断 | búduàn | 동 끊임없다 / 부 계속해서, 부단히, 끊임없이 |
| 不分上下 | bùfēnshàngxià | 승패를 가리기 힘들다 |
| 不敢说 | bùgǎn shuō | 감히 말하지 못하다 |
| 不够 | búgòu | 형 부족하다, 충족하지 않다 / 동 (수량이나 정도가 요구에) 모자라다, 불충분하다 |
| 不仅 A 而 B | bùjǐn A ér B | A 뿐만 아니라 B도 |
| 不是……的时候 | búshì…… de shíhou | ~할 때가 아니다 |
| 部署 | bùshǔ | 동 배치하다 |
| 补水 | bǔshuǐ | 수분 공급(수분 케어) |
| 不算 | búsuàn | 동 ~라고 할 수 없다, ~한 편은 아니다 |
| 不停地 | bùtíngde | 줄곧 |
| 不愿 | búyuàn | 동 원하지 않다 |
| 不在话下 | búzàihuàxià | 성 전혀 문제될 것이 없다 |
| 补助 | bǔzhù | 명 보조금 |

## C

| 采取…… 措施 | cǎiqǔ…… cuòshī | 조치를 취하다, 대책을 세우다 |
| --- | --- | --- |
| 财政 | cáizhèng | 명 재정 |
| 彩妆 | cǎizhuāng | 명 메이크 업 |
| 参加 | cānjiā | 동 (어떤 조직이나 활동) 참가하다, 가입하다, 참여하다, 참석하다 |
| 参与 | cānyù | 동 참여하다 |
| 操作系统 | cāozuòxìtǒng | 명 운영 체제 |

| 柴油(汽) | cháiyóu(qì) | 명 디젤 (가스) |
| --- | --- | --- |
| 产品展示 | chǎnpǐn zhǎnshì | 제품 전시 |
| 超额 | chāo'é | 동 목표액 이상을 달성하다<br>명 초과액 |
| 呈递 | chéngdì | 동 (삼가) 전하다, 올리다, 바치다, 제출하다 |
| 呈给 | chénggěi | ~에게 드리다 |
| 呈送 | chéngsòng | 동 (삼가) 올리다, 전하다, 증정하다 |
| 迟疑 | chíyí | 형 망설이다, 주저하다 |
| 抽出 | chōuchū | 동 추출하다, 뽑아내다 |
| 踌躇 | chóuchú | 형 주저하다, 망설이다 |
| 除了……以外 | chúle……yǐwài | ~외에 |
| 处理 | chǔlǐ | 동 처리하다, (문제를) 해결하다 |
| 纯利益 | chúnlìyì | 순 이익 |
| 创意 | chuàngyì | 동 독창적인 의견이나 구상을 제시하다<br>명 독창적인 견해, 창조적인 의견, 창의적인 구상 |
| 次长 | cìzhǎng | 명 차장 |
| 措施 | cuòshī | 명 조치, 대책 |

### D

| 达到 | dádào | 동 달성하다, 도달하다, 이르다 |
| --- | --- | --- |
| 大概 | dàgài | 부 아마도, 대개 |
| 大会议厅 | dàhuìyìtīng | 대회의실 |
| 大量订购 | dàliàng dìnggòu | 대량 주문하다 |
| 打入 | dǎrù | 동 (상품) 들어가다, 진입하다 |
| 打听 | dǎting | 동 물어보다, 알아보다 |
| 打造 | dǎzào | 동 제조하다, 만들다 |
| 带动 | dàidòng | 동 (이끌어) 움직이다, 이끌어 나가다, 선도하다 |

| 怠慢 | dàimàn | 동 냉대하다, 소홀히 하다 |
| --- | --- | --- |
| 当地 | dāngdì | 명 현지, 현장 |
| 到岸价 | dàoànjià | 수입항착가격 |
| 到此 | dàocǐ | 동 여기에 이르다 |
| 到底 | dàodǐ | 부 도대체, 마침내, 결국 |
| 道歉 | dàoqiàn | 동 사과하다, 사죄하다 |
| 登上 | dēngshàng | 올라서다 |
| 地理位置 | dìlǐwèizhì | 명 지리적 위치 |
| 地区 | dìqū | 명 지역, 지구 |
| 狄赛尔引擎 | dísàiěryǐnqíng | 명 디젤 엔진 |
| 电池寿命 | diànchíshòumìng | 명 전지 수명 |
| 电视 | diànshì | 명 텔레비전 |
| 电梯 | diàntī | 명 엘리베이터, 에스컬레이터 |
| 调查 | diàochá | 동 (현장에서) 조사하다 |
| 订 | dìng | 동 예약하다, 주문하다, 체결하다, 맺다 |
| 董事长 | dǒng shì zhǎng | 명 대표이사, 회장, 이사장 |

### F

| 发布会 | fābùhuì | 명 발표회 |
| --- | --- | --- |
| 发动机 | fādòngjī | 명 엔진, 모터, 주축, 구심차, 원동력 |
| 发生 | fāshēng | 동 생기다, 일어나다, 발생하다 |
| 范畴 | fànchóu | 명 범주 |
| 凡事 | fánshì | 명 어떤(무슨) 일이든, 모든 일 |
| 方案 | fāng'àn | 명 방안 |
| 方便 | fāngbiàn | 동 편리하게 하다<br>형 편리하다<br>명 편의, 수단, 방편, 방법 |
| 方法 | fāngfǎ | 명 방법, 수단 |
| 非……不可 | fēi……bùkě | 동 ~하지 않으면 안 된다 |

부록 55

| 分辨率 | fēnbiànlǜ | 명 해상도 |
| 分店 | fēndiàn | 명 분점, 지점 |
| 分红制 | fēnhóngzhì | 명 이윤 분배제 |
| 分析 | fēnxī | 동 분석하다 |
| 丰富 | fēngfù | 동 풍부하게(풍족하게, 넉넉하게)하다 / 형 풍부하다, 넉넉하다, 풍족하다 |
| 附加功能 | fùjiā gōngnéng | 부가 기능 |
| 付款方式 | fùkuǎn fāngshì | 명 결제방식 |
| 福利政策 | fúlì zhèngcè | 명 복지정책 |
| 副总经理 | fù zǒng jīng lǐ | 명 부사장 |

| 关心事项 | guānxīn shìxiàng | 관심사 |
| 关于 | guānyú | 개 ~에 관하여 |
| 广告费 | guǎnggàofèi | 명 광고비 |
| 广州 | Guǎngzhōu | 지명 광저우 |
| 规定 | guīdìng | 동 규정하다 / 동 규정, 규칙 |
| 规格 | guīgé | 명 표준, 규격 |
| 过程中…… | guòchéng zhōng…… | ~과정 중 |
| 过目 | guòmù | 명 훑어보다, 심사하여 결정하다, 심의하다 |

## G

| 改为 | gǎiwéi | 동 변하여 ~이 되다 |
| 感激 | gǎnjī | 동 감격하다 |
| 给……带来压力 | gěi……dàilái yālì | 명 ~에게 스트레스를 가져다 주다 |
| 根据…… | gēnjù | 명 ~에 근거하여 |
| 更改 | gēnggǎi | 동 변경하다, 바꾸다 |
| 更换 | gēnghuàn | 동 바꾸다, 교체하다, 변경하다 |
| 更上一层楼 | gèngshàngyì cénglóu | 성 더욱 더 정진하다, 진일보하다 |
| 工厂 | gōngchǎng | 명 공장 |
| 公司状况 | gōngsī zhuàngkuàng | 명 회사 상황 |
| 工资 | gōngzī | 명 월급, 임금 |
| 工作经验 | gōngzuò jīngyàn | 명 업무 경험 |
| 工作效率 | gōngzuòxiàolǜ | 명 근무능률 |
| 沟通 | gōutōng | 동 연결하다, 소통하다 |
| 购物网站 | gòuwù wǎngzhàn | 명 쇼핑 웹사이트 |
| 构筑 | gòuzhù | 동 세우다, 수립하다, 구축하다, 건설하다 |
| 故障原因 | gùzhàng yuányīn | 고장 원인 |
| 管理系统 | guǎnlǐxìtǒng | 경영 시스템 |

## H

| 还有 | háiyǒu | 접 그리고, 또한 |
| 行家 | hángjia | 명 전문가, 숙련가 |
| 豪华 | háohuá | 형 화려하고 웅장하다 |
| 合作 | hézuò | 동 협력하다 |
| 护肤品 | hùfūpǐn | 스킨케어 화장품 |
| 忽然 | hūrán | 부 갑자기, 돌연, 문득, 어느 덧 |
| 户外产品 | hùwài chǎnpǐn | 명 실외제품 |
| 华丽 | huálì | 형 화려하다, 아름답다 |
| 话题 | huàtí | 명 화제, 논제, 이야기의 주제 |
| 换新 | huànxīn | 동 새롭게 하다, 바꾸다 |
| 欢迎酒会 | huānyíng jiǔhuì | 환영 리셉션 |
| 会议厅 | huìyìtīng | 명 회의홀 |
| 货价加运费(CFR) | huòjià jiāyùnfèi | 명 운임포함가격 |
| HSK资格证 | HSK zīgézhèng | 명 HSK 자격증 |

## J

| | | |
|---|---|---|
| 计划 | jìhuà | 동 계획(기획)하다, ~할 계획이다 |
| 计划书 | jìhuàshū | 동 제안서 |
| 积极性 | jījíxìng | 동 적극성 |
| 即将 | jíjiāng | 부 곧, 머지않아 |
| 既然A 就B | jìrán A jiù B | 이왕 A 가 된 이상, B하다 |
| 集团 | jítuán | 명 (기업) 집단, 그룹 |
| 继续 | jìxù | 명 계속, 연속 |
| 加工 | jiāgōng | 동 가공하다, 다듬다 |
| 嘉宾 | jiābīn | 명 귀빈, 내빈 |
| 加进 | jiājìn | 동 추가하다, 첨가하다, 포함시키다 |
| 简历表 | jiǎnlìbiǎo | 명 이력서 |
| 减去 | jiǎnqù | 동 없애 버리다 |
| 减少 | jiǎnshǎo | 동 감소하다, 줄이다, 줄다 |
| 建议 | jiànyì | 명 제안, 건의안, 제의 |
| 建筑材料 | jiànzhùcáiliào | 명 건축재료 |
| 降到 | jiàng dào | ~까지 내려가다 |
| 轿车 | jiàochē | 명 승용차, 세단 |
| 交代 | jiāodài | 동 설명하다, 인계하다 |
| 交货期 | jiāohuòqī | 명 물품 인도 기일 |
| 交易条件 | jiāoyìtiáojiàn | 명 거래조건 |
| 结构 | jiégòu | 동 (글, 줄거리) 안배하다, 꾸미다, 배치하다 명 구성, 구조, 조직 |
| 解决 | jiějué | 동 해결하다, 풀다 |
| 解散 | jiěsàn | 동 해산하다, 흩어지다, 해체하다 |
| 结束 | jiéshù | 동 끝나다, 마치다, 종결하다, 종료하다 |
| 接送 | jiēsòng | 동 맞이하고 보내다 |
| 接送车辆 | jiēsòng chēliàng | 셔틀 차량 |
| 进军 | jìnjūn | 동 (열심히 분투하여 어떤 임무를 이행하기 위해)나아가다, 진군하다 |
| 进行 | jìnxíng | 동 진행하다, 앞으로 나아가다 |
| 进一步 | jìnyíbù | 한 걸음 나아가다 (더 들어가다) |
| 经典 | jīngdiǎn | 명 고전, 중요하고 권위 있는 저작 |
| 经验 | jīngyàn | 동 직접 경험(체험)하다 명 경험, 체험 |
| 举办 | jǔbàn | 동 거행하다, 개최하다, 열다 |
| 聚餐 | jùcān | 동 회식하다 |
| 举措 | jǔcuò | 명 거동, 조치 |
| 举手 | jǔshǒu | 동 손을 들다, 거수하다 |
| 抉择 | juézé | 동 선정하다, 고르다 |
| 均 | jūn | 형 균등하다 |

## K

| | | |
|---|---|---|
| 开发 | kāifā | 동 개발하다 |
| 开会 | kāihuì | 동 회의하다 |
| 开设 | kāishè | 동 설립하다, 개설하다 |
| 开始 | kāishǐ | 동 시작하다, 착수하다, 개시하다 명 처음, 시작 |
| 刊登 | kāndēng | 동 (신문, 잡지) 게재하다, 싣다, 등재하다 |
| 课程费用 | kèchéng fèiyòng | 교육과정 비용 |
| 客户 | kèhù | 명 거래처, 바이어, 고객 |
| 可能会…… | kěnéng huì…… | ~일 것 같다 |
| 可容纳 | kěróngnà | 수용 가능한 |
| 科员 | kē yuán | 명 계원 |
| 科长 | kē zhǎng | 명 과장 |
| 会计部 | kuàijìbù | 명 회계부 |
| 会计主管 | kuàijì zhǔguǎn | 명 회계팀장 |
| 款式 | kuǎnshì | 명 스타일, 양식, 격식 |
| 困难 | kùnnan | 형 곤란하다, 어렵다 |

| 扩大 | kuòdà | 동 (범위나 규모)확대하다, 넓히다, 키우다 |

| 年薪 | niánxīn | 명 연봉 |
| 年终报告书 | niánzhōng bàogàoshū | 명 연말 보고서 |

## L

| 来宾 | láibīn | 명 손님, 내빈, 방문객 |
| 来临 | láilín | 동 이르다, 다가오다 |
| 劳务费 | láowùfèi | 명 노동 임금, 보수 |
| 离岸价 | lí'ànjià | 명 갑판도 가격 |
| 利弊 | lìbì | 명 이로움과 폐단, 좋은 점과 나쁜 점 |
| 联欢会 | liánhuānhuì | 명 사교회, 간담회, 친목회 |
| 连我 | liánwǒ | 명 라인 |
| 了解 | liǎojiě | 동 자세하게 알다, 이해하다, 조사하다, 알아 내다 |
| 陆续 | lùxù | 부 끊임없이, 계속해서 |
| 录用 | lùyòng | 동 채용하다, 임용하다 |

## P

| 培训 | péixùn | 동 양성하다, 육성하다, 키우다, 훈련하다 |
| 批 | pī | 양 (회차의 개념) (사람의) 무리, (물건의) 한 무더기 |
| 皮肤类型 | pífū lèixíng | 명 피부 유형 |
| 皮肤再生 | pífū zàishēng | 명 피부 재생 |
| 纰漏 | pīlòu | 명 실수, 잘못, 오류, 과실 |
| 品名 | pǐnmíng | 명 품명 |

## M

| 马上 | mǎshàng | 부 곧, 즉시, 바로, 금방 |
| 满意 | mǎnyì | 형 만족하다, 만족스럽다, 흡족하다 |
| 埋怨 | mányuàn | 동 탓하다, 불평하다, 원망하다 |
| 美白 | měibái | 명 미백, 화이트닝 |
| 没的说 | méideshuō | 두말할 필요가 없다 |
| 模特儿 | mótèr | 명 모델 |
| 目的 | mùdì | 명 목적 |
| 目前 | mùqián | 명 지금, 현재 |

## Q

| 旗鼓相当 | qígǔxiāngdāng | 성 막상막하이다 |
| 企划案 | qǐhuà'àn | 명 기획안 |
| 企划书 | qǐhuàshū | 명 기획서 |
| 期限 | qīxiàn | 명 기한, 시한 |
| 汽油机 | qìyóujī | 명 휘발유 엔진 |
| 汽油引擎 | qìyóuyǐnqíng | 명 가솔린 엔진 |
| 签合同 | qiān hétong | 계약을 체결하다 |
| 前期 | qiánqī | 명 전기 |
| 清楚 | qīngchu | 동 이해하다, 알다 |
| 取得 | qǔdé | 동 취득하다, 얻다 |
| 去掉 | qùdiào | 동 없애 버리다 |
| 全额 | quán'é | 명 전액 |
| 全面 | quánmiàn | 동 전면적이다 명 전면, 전반, 전체 |

## N

| 哪怕…… | nǎpà | 설령 ~ 라고 해도 |
| 内行 | nèiháng | 명 전문가, 숙련자 |
| 嫩肤 | nènfū | 여린 피부 |
| 拟 | nǐ | 동 기초하다, 헤아리다, ~할 생각이다 |

## R

| 让…… | ràng | ~하게 만들다(하다) |
| 让步 | ràngbù | 동 양보하다 |
| 热情款待 | rèqíngkuǎndài | 명 환대, 극진한 대우 |

| 热衷 | rèzhōng | 동 갈망하다, 열중하다, 몰두하다 |
|---|---|---|
| 人工费用 | réngōngfèiyòng | 명 노동비용 |
| 任何 | rènhé | 대 어떠한, 무슨 |
| 人事部 | rénshìbù | 명 인사부 |
| 认为 | rènwéi | 동 여기다, 생각하다 |
| 荣幸 | róngxìng | 형 매우 영광스럽다 |
| 容易 | róngyì | 형 쉽다, 용이하다 |
| 如果…… | rúguǒ…… | 만약 ~라면 |
| 如何 | rúhé | 대 어떠한가, 어떠하냐, 어떻게, 왜 |
| 若 | ruò | 접 만일, 만약 |

## S

| 散会 | sànhuì | 동 산회하다 |
|---|---|---|
| 闪失 | shǎnshī | 명 착오, 실수, 손실 |
| 商标 | shāngbiāo | 명 상표 |
| 上传 | shàngchuán | 업로드하다 |
| 商检机构 | shāngjiǎn jīgòu | 제품검사 기관 |
| 商量商量 | shāngliangshāngliang | 한 번 의논하다 |
| 上市 | shàngshì | 동 출시되다 |
| 上市日期 | shàngshì rìqī | 명 출시일 |
| 商讨 | shāngtǎo | 동 논의하다, 협의 검토하다, 토의하다, 의견을 교환하다 |
| 稍微 | shāowēi | 부 조금, 약간, 다소 |
| 稍作 | shāozuò | 조금 |
| 设备 | shèbèi | 동 설비하다  명 설비, 시설 |
| 奢华 | shēhuá | 형 호화스럽다 |
| 社会经验 | shèhuì jīngyàn | 명 사회경험 |
| 设计 | shèjì | 동 설계(하다), 계획(하다), 디자인(하다) |
| 设施 | shèshī | 명 시설 |
| 设想 | shèxiǎng | 동 상상하다, 생각하다  명 상상, 가상, 생각 |
| 深 | shēn | 형 깊다 |
| 申请人员 | shēnqǐngrényuán | 명 신청인 |
| 沈阳 | Shěnyáng | 지명 선양 |
| 生产部 | shēngchǎnbù | 명 생산팀 |
| 生产效率 | shēngchǎnxiàolǜ | 생산 능률 |
| 生气 | shēngqì | 동 화내다 |
| 胜任 | shèngrèn | 동 (맡은 직책이나 임무) 능히 감당하다 |
| 师范大学 | shīfàndàxué | 명 사범대학 |
| 适合 | shìhé | 동 적합하다, 부합하다 |
| 食品包装 | shípǐn bāozhuāng | 명 식품 포장 |
| 是为了…… | shì wèile | ~하기 위함이다 |
| 失误 | shīwù | 명 실수, 실책 |
| 实行 | shíxíng | 동 실행하다 |
| 事宜 | shìyí | 명 (관련된) 일, 사항, 사무 |
| 收入 | shōurù | 명 수입, 소득 |
| 手提电脑 | shǒutídiànnǎo | 명 노트북 컴퓨터 |
| 数据库 | shùjùkù | 명 데이터베이스 |
| 数码相机像素 | shùmǎxiàngjī xiàngsù | 디지털 카메라 화소 |
| 税金 | shuìjīn | 명 세금 |
| 说明 | shuōmíng | 동 설명하다, 해설하다, 증명하다  명 설명, 해설 |
| 速度 | sùdù | 명 속도 |
| 损伤 | sǔnshāng | 동 손상되다, 상처를 입다 |
| 损失 | sǔnshī | 동 손실되다, 손해보다  명 손실, 손해 |
| 索赔金额 | suǒpéi jīn'é | 청구액 |

## T

| 讨论讨论 | tǎolùntǎolùn | 토론 해보다 |
|---|---|---|
| 提成 | tíchéng | 동 공제하다 |
| 提高 | tígāo | 동 (위치, 수준, 질, 수량) 제고하다, 향상시키다, 높이다, 끌어올리다 |

| 提供 | tígōng | 동 제공하다, 공급하다, 내놓다 |
|---|---|---|
| 体系 | tǐxì | 명 체계 |
| 提议案 | tíyìàn | 명 제의안 |
| 条款 | tiáokuǎn | 명 (법규, 조약,규정,계약) 조항 |
| 挑(选) | tiāoxuǎn | 동 고르다, 선발하다, 선택하다 |
| 调整 | tiáozhěng | 동 조정하다, 조절하다 |
| 停车场 | tíngchēchǎng | 명 주차장 |
| 停工 | tínggōng | 동 일을 멈추다, 작업을 중지하다 |
| 通过…… | tōngguò…… | ~을 통해 |
| 通知 | tōngzhī | 동 통지하다, 알리다 명 통지서 |
| 投票 | tóupiào | 동 투표하다 |
| 推出 | tuīchū | 동 내놓다, 출시하다 |
| 托福资格证 | tuōfú zīgézhèng | 명 토플 자격증 |

## W

| 外企 | wàiqǐ | 명 외자기업 |
|---|---|---|
| 完全 | wánquán | 부 완전히, 전적으로, 절대로 |
| 完善 | wánshàn | 형 완벽하다, 완전하다 완벽하게 동 (완전하게)하다 |
| 万无一失 | wànwúyìshī | 성 만에 하나의 실수도 없다 |
| 微博 | wēibó | 명 미니 블로그 |
| 为了 | wèile | 개 ~을 위하여 |
| 位置 | wèizhi | 동 위치 |
| 文化 | wénhuà | 명 (정신적인) 문화, (일반적인) 교양, 소양, 지식 |
| 问卷 | wènjuàn | 명 설문조사 |
| 物价 | wùjià | 명 물가 |
| 无可挑剔 | wúkětiāotī | 비판할 여지가 없다 |

| 物业管理费 | wùyèguǎn lǐfèi | 명 관리비 |
|---|---|---|

## X

| 洗面奶 | xǐmiànnǎi | 명 클렌징 크림 |
|---|---|---|
| 系统支援 | xìtǒng zhīyuán | 지원 시스템 |
| 下不为例 | xiàbùwéilì | 성 이번으로 마지막이다, 이번만은 용서해 주다 |
| 下水道 | xiàshuǐdào | 명 하수도 |
| 想 | xiǎng | 동 생각하다, ~하고 싶다 |
| 相当 | xiāngdāng | 동 엇비슷하다, 대등하다, 상당하다 부 상당히, 무척 |
| 想法 | xiǎngfǎ | 명 생각, 의견 |
| 相关费用 | xiāngguānfèiyòng | 명 관련 비용 |
| 相关性 | xiāngguānxìng | 명 관련성 |
| 项目 | xiàngmù | 명 프로젝트, 사업, 과제, 항목 |
| 相应 | xiāngyìng | 동 상응하다,서로 맞다, 호응하다 형 적합하다, 적당하다, 적절하다 |
| 销卖 | xiāomài | 동 판매하다 |
| 销售 | xiāoshòu | 동 판매하다 |
| 销售部 | xiāoshòubù | 명 판매부 |
| 销售部长 | xiāoshòubùzhǎng | 명 판매부장 |
| 销售额 | xiāoshòu'é | 명 매출액 |
| 新技术 | xīnjìshù | 명 신기술 |
| 信息技术 | xìnxījìshù | 명 정보처리 기술 |
| 新项目 | xīnxiàngmù | 명 신규사업 |
| 新原料 | xīn yuánliào | 명 신원료 |
| 行程 | xíngchéng | 명 여정, 진행 과정, 진도 |
| 性格 | xìnggé | 명 성격 |
| 幸会 | xìnghuì | 동 만나뵙게 되어 영광입니다 |
| 性能 | xìngnéng | 명 성능 |
| 行政部 | xíngzhèngbù | 명 행정부 |

| 修正 | xiūzhèng | 동 수정하다, 고치다, 바로잡다 |
|---|---|---|
| 需求 | xūqiú | 명 수요, 필요 |
| 需要 | xūyào | 동 필요하다, 요구되다 / 명 (사물에 대한) 욕망, 요구, 욕구 |
| 宣布 | xuānbù | 동 선포하다, 선언하다, 발표하다 |
| 选择 | xuǎnzé | 동 선택하다 / 명 선택 |
| 学历 | xuélì | 명 학력 |
| 训练过程 | xùnliàn guòchéng | 명 훈련 과정 |

## Y

| 研发 | yánfā | 동 연구 제작하여 개발하다 |
|---|---|---|
| 演讲 | yǎnjiǎng | 동 연설하다, 웅변하다, 강연하다 / 명 강연, 연설, 웅변 |
| 研究 | yánjiū | 동 연구하다, 탐구하다 |
| 研习会 | yánxíhuì | 명 워크샵 |
| 要求 | yāoqiú | 동 요구하다 / 명 요구 |
| 业务种类 | yèwùzhǒnglèi | 명 업무 종류 |
| 议定 | yìdìng | 동 토의하여 결정하다 |
| 以及 | yǐjí | 접 및 |
| 意见 | yìjiàn | 명 이견, 의견 |
| 一线城市 | yīxiàn chéngshì | 1선 도시 |
| 意外 | yìwài | 형 의외의, 뜻밖의 |
| 意味着…… | yìwèizhe…… | ~을 의미하다, 뜻하다 |
| 疑问 | yíwèn | 명 의문, 의혹 |
| 异议 | yìyì | 명 이의, 이견 |
| 因素 | yīnsù | 명 (구성)요소, 성분, 원인, 조건 |
| 印象 | yìnxiàng | 명 인상 |
| 引资 | yǐnzī | 동 자금을 끌어넣다 |
| 应聘者 | yìngpìnzhě | 명 응시자(지원자) |

| 营业 | yíngyè | 동 영업하다 |
|---|---|---|
| 营业部 | yíngyèbù | 명 영업부 |
| 用户群 | yònghùqún | 명 사용자 그룹 |
| 永久 | yǒngjiǔ | 형 영원한 |
| 由 A 负责 | yóu A fùzé | A가 B를 담당하다 |
| 优惠 | yōuhuì | 형 우대의, 특혜의 |
| 优惠券 | yōuhuìquàn | 할인권, 쿠폰 |
| 优惠政策 | yōuhuìzhèngcè | 명 우대정책 |
| 优缺点 | yōuquēdiǎn | 명 장점과 결점 |
| 犹豫 | yóuyù | 형 머뭇거리다, 주저하다, 망설이다 |
| 预算 | yùsuàn | 명 예산 |
| 预算案 | yùsuàn'àn | 명 예산안 |
| 员工 | yuángōng | 명 직원, 종업원 |
| 员工培训 | yuángōng péixùn | 명 직원 훈련 |
| 员工数 | yuángōngshù | 직원 수 |
| 圆满结束 | yuánmǎnjiéshù | 원만히 종결되다 |
| 圆珠笔 | yuánzhūbǐ | 명 볼펜 |
| 月薪 | yuèxīn | 명 월급 |
| 运动型多功能车 | yùndòngxíng duōgōngnéng chē | 명 스포츠 유틸리티 차량 |
| 运输过程 | yùnshū guòchéng | 명 운반 과정 |

## Z

| 再好不过了…… | zàihǎobúguò le…… | 이보다 더 좋을 수 없다 |
|---|---|---|
| 再好, 也…… | zàihǎo, yě…… | 아무리 좋아도, ~하다 |
| 增多 | zēngduō | 많아지다, 증가하다, 늘리다 |
| 增加 | zēngjiā | 동 증가하다, 더하다, 늘리다 |
| 招 | zhāo | 동 모집하다, 초빙하다 |
| 找 | zhǎo | 동 찾다, 구하다 |
| 招待 | zhāodài | 동 (손님이나 고객에게) 대접하다 |

|  |  |  |
|---|---|---|
| 招聘 | zhāopìn | 동 (공모의 방식으로) 모집하다, 초빙하다, 초청하다, 채용하다 |
| 招商 | zhāoshāng | 동 (광고, 전람회 등의 방식으로) 기업의 투자를 유치하다 |
| 整体 | zhěngtǐ | 명 (한 집단의) 전부, 전체 |
| 指标额 | zhǐbiāo'é | 명 목표액 |
| 制定 | zhìdìng | 동 (방침, 정책, 제도) 제정하다, 작성하다, 확정하다 |
| 指定额 | zhǐdìng'é | 명 지정액 |
| 知名 | zhīmíng | 형 잘 알려진, 저명한 |
| 指示 | zhǐshì | 동 가리키다, 지시하다 |
| 指纹 | zhǐwén | 명 명지문 |
| 只A, 于B | zhǐ A, yú B | B에 A만 하다 |
| 支援 | zhīyuán | 동 지원하다 |
| 重量 | zhòngliàng | 명 중량, 무게 |
| 种种 | zhǒngzhǒng | 명 각종, 여러가지 |
| 主持人 | zhǔchírén | 명 사회자, 진행자 |
| 主管 | zhǔguǎn | 명 팀장 |
| 住楼 | zhùlóu | 주상복합 건물 |
| 主屏尺寸 | zhǔpíng chǐcun | 홈 스크린 사이즈 |
| 主任 | zhǔrèn | 명 실장 |
| 专家 | zhuānjiā | 명 전문가 |
| 转移 | zhuǎnyí | 동 (방향, 위치) 전이하다, 옮기다 |
| 装修 | zhuāngxiū | 동 (집을) 장식하고 꾸미다, 설치하고 수리해 주다 |
| 资格证书 | zīgézhèngshū | 명 자격증명서 |
| 资金 | zījīn | 명 자금 |
| 资料 | zīliào | 명 자료 |
| 资料库 | zīliàokù | 명 자료실, 데이터베이스 |
| 总裁 | zǒngcái | 명 (기업의) 총수 |
| 总公司 | zǒnggōngsī | 명 본사 |
| 总监 | zǒngjiān | 명 관리자, 총감독 |
| 总结 | zǒngjié | 동 총정리하다, 명 최종평가(결론) |
| 总经理 | zǒngjīnglǐ | 명 (기업의) 총지배인, 최고 책임자, 최고 경영자 |
| 总销售额 | zǒng xiāoshòu'é | 명 총 판매액 |
| 租费 | zūfèi | 명 임대료 |
| 最高执行官 | zuì gāo zhxíngguān | 명 최고 집행관 |
| 坐班制 | zuòbānzhì | 명 정상 출근제 |